148

新知
文库

XINZHI

A Death in the Rainforest
How a Language and a Way
of Life Came to an End
in Papua New Guinea

雨林里的消亡——一种语言和生活方式在巴布亚新几内亚的终结
A DEATH IN THE RAINFOREST：
How a Language and a Way of Life Came to an End in Papua New Guinea
Originally published by Algonquin Books of Chapel Hill, a division of Workman Publishing
© 2019 by Don Kulick. All rights reserved.

雨林里的消亡

一种语言和生活方式在
巴布亚新几内亚的终结

[瑞典]唐·库里克 著　沈河西 译

生活·讀書·新知 三联书店

Simplified Chinese Copyright © 2022 by SDX Joint Publishing Company.
All Rights Reserved.
本作品简体中文版权由生活·读书·新知三联书店所有。
未经许可,不得翻印。

Copyright © 2019 by Don Kulick
Published in agreement with Sterling Lord Literistic, through The Grayhawk Agency Ltd.

图书在版编目（CIP）数据

雨林里的消亡:一种语言和生活方式在巴布亚新几内亚的终结/(瑞典)唐·库里克著;沈河西译.—北京:生活·读书·新知三联书店,2022.1
(新知文库)
ISBN 978-7-108-07269-6

Ⅰ.①雨… Ⅱ.①唐…②沈… Ⅲ.①大洋洲语言-研究-巴布亚新几内亚 Ⅳ.①H84

中国版本图书馆 CIP 数据核字(2021)第 193863 号

责任编辑	丁立松
装帧设计	薛　宇　陆智昌
责任校对	陈　明
责任印制	张雅丽
出版发行	生活·讀書·新知 三联书店
	(北京市东城区美术馆东街 22 号 100010)
网　址	www.sdxjpc.com
经　销	新华书店
制　作	北京金舵手世纪图文设计有限公司
印　刷	三河市天润建兴印务有限公司
版　次	2022 年 1 月北京第 1 版
	2022 年 1 月北京第 1 次印刷
开　本	635 毫米×965 毫米　1/16　印张 15.5
字　数	188 千字
印　数	0,001-6,000 册
定　价	49.00 元

(印装查询:01064002715;邮购查询:01084010542)

新知文库

出版说明

在今天三联书店的前身——生活书店、读书出版社和新知书店的出版史上，介绍新知识和新观念的图书曾占有很大比重。熟悉三联的读者也都会记得，20世纪80年代后期，我们曾以"新知文库"的名义，出版过一批译介西方现代人文社会科学知识的图书。今年是生活·读书·新知三联书店恢复独立建制20周年，我们再次推出"新知文库"，正是为了接续这一传统。

近半个世纪以来，无论在自然科学方面，还是在人文社会科学方面，知识都在以前所未有的速度更新。涉及自然环境、社会文化等领域的新发现、新探索和新成果层出不穷，并以同样前所未有的深度和广度影响人类的社会和生活。了解这种知识成果的内容，思考其与我们生活的关系，固然是明了社会变迁趋势的必需，但更为重要的，乃是通过知识演进的背景和过程，领悟和体会隐藏其中的理性精神和科学规律。

"新知文库"拟选编一些介绍人文社会科学和自然科学新知识及其如何被发现和传播的图书，陆续出版。希望读者能在愉悦的阅读中获取新知，开阔视野，启迪思维，激发好奇心和想象力。

生活·讀書·新知三联书店
2006年3月

我将此书献给卡拉塞·艾姆巴努，我的邻居达莫那个霸道的四岁儿子。我上一次去迦普恩的时候，喜欢上了卡拉塞。他是我的"保镖"，在夜里跟我一起散步，拿我的手电筒照自己的眼睛，当我骗他说要把他从我房子下面带出来的时候，他厚脸皮地跟我说"爆你菊花"。（在书中我给他取了一个阿玛尼的名字，听上去更好读。）

卡拉塞真是一个称职的迷人的"小保镖"，我离开村子的时候，跟他说我会把他放在我的大金属巡逻箱里，然后把他带回家，路上只给他吃一块饼干。

完全没问题，他说。但他想要两块饼干。

这本书是献给你的，小卡拉塞 bilong mi, tarangu，在巴布亚新几内亚做了三十年田野调查的我，衷心希望你的未来比我如今所能判断或想象的更明亮、更前程似锦。

目 录

Contents

1	前　言
7	第一章　我们呼吸的空气
17	第二章　沼泽里的村庄
35	第三章　拜师学艺
53	第四章　摩西的计划
65	第五章　给予的负担
77	第六章　在迦普恩吃饭
89	第七章　"我要离开这里"
107	第八章　飞越彩虹
115	第九章　脏话里的诗意
123	第十章　肝脏问题
139	第十一章　年轻人的泰雅博语
151	第十二章　险象环生
171	第十三章　谁杀死了莫内
187	第十四章　卢克写了一封信
205	第十五章　地狱走一遭
211	第十六章　语言消亡时，实际消亡的是什么？
217	第十七章　尾　声

223　后记　结束之后

231　关于书中人名的说明

233　致　谢

前　言

Foreword

在过去的三十多年里，我走访了巴布亚新几内亚雨林深处的一个小村庄——它所处的国家并非像人们通常认为的那样位于非洲，而是位于澳大利亚北部的太平洋上——去探寻一种语言是如何消亡的。那些年里我逐渐认识了解的那个村庄叫迦普恩（Gapun）。住在那里的人都说一种独特的语言，他们称为泰雅博语（Tayap）。据我们所知，泰雅博语可能和希腊语、汉语或拉丁语一样古老。但在未来的几十年里，泰雅博语将会消亡。目前，泰雅博语的使用者不到五十人。不久之后，只有凭借我多年的录音才能听到泰雅博语。这些录音将会像灵气一样留存下来，而讲泰雅博语的人却已不在，这一语言也将被遗忘。

我第一次去迦普恩是在1980年代中期，当时我还是一名人类学博士研究生，在那里生活了一年多。我把我的发现写成了一本书。那是一本好书，一本内容扎实的研究报告，依然值得一读。但它是一部学术作品，受众是人类学家、语言学家以及大学生。它那令人发憷的书名《语言变迁与文化再生产》——我把它归结为年轻时迫切想要表现出学术味道的野心和糟糕的编辑建议——就说明了一切。

这一次动笔，已是一切时过境迁之后。这是另一种类型的作品：它讲述的是我初次造访迦普恩之后这些年里发生的事情，以及泰雅博语是如何不可阻挡地走向消亡的。

但这本书也讲述了我在村子里的故事，以及为什么这一田野工作最后无以为继。

这两个结局都与暴力相缠绕。一方面，随着白人的到来，巴布亚新几内亚人、他们的文化和语言都遭受了现实的和象征性的暴力。另一方面，还有村民自己和他们的邻居犯下的暴力行为，这些行为既伤害了他们自己，也伤害了我或威胁要伤害我。所有这些暴力就像地底下的岩浆，在我讲述的故事的字里行间，偶尔迸发出地表。这个村子与世隔绝，只有两百多人，就像热带雨林中间的沼泽地里开凿出的一条裂缝，我的故事讲述了在这样一个村子里的生活是什么样的；也讲述了生活在那个村子里的人早餐吃什么、怎么睡觉；以及村民们如何管教孩子，如何互相逗趣，如何互相咒骂；还有村民们如何谈情说爱，如何信仰，如何争吵，如何死去——甚至包括村民们如何看待一个不知从哪里冒出来的白人人类学家——这家伙声称对他们的语言很感兴趣，并让他们抽空和他待上一会儿。

这"一会儿"转眼间就是三十多年。

我们能为他人代言吗？自从二十五年前我写了第一本关于迦普恩

的书之后，学术界内外就爆发了一场剑拔弩张的争论，焦点在于作为一个研究者，你不属于那个研究对象的群体，是否还有书写他们的合法性。显然，由玛格丽特·米德（Margaret Mead）这样的人类学家引领的权威时代已经一去不返——1939年，她在专业期刊《美国人类学家》（*American Anthropologist*）上发表的一篇文章中，反驳了她的一位同事所倡导的观点：为了使人类学工作具有可信度，人类学家需要学习他们的田野工作所在地的语言。

玛格丽特·米德认为，这样恳切的建议实属无稽之谈，她轻手一挥，就赶走了这只恼人的苍蝇。所有关于学习本土语言的小题大做对人类学学生来说是下马威，是大错特错，毫无必要。

米德坚持认为，人类学家不需要非得"弄懂"一门语言才能开展田野工作。他们只需要能"使用"这种语言即可。而"使用"一种语言只需掌握三点。

首先，你得会提问，会"用最少的废话得到答案"（如何不说他们的语言还得到答案，这似乎并不是米德关心的问题）。

其次，米德认为，人类学家得用语言来建立融洽的关系（"特别是在陌生人的房子里，人们希望尽可能不被笔记和拍照所干扰"）。

最后，你需要使用语言来做的——这也是我的最爱——就是下达指示。在一个土著人知道自己地位低微、并不敢招惹专横的人类学家的时代，她干脆提出了这样明晰的建议："如果民族志研究者不能向当地服务者、报道人和助手传达快速而准确的指示，不能在准确描述过位置后指导他们找到镜头，把三脚架从举行仪式的地方放下来，快速拿到新的剃须刀片和高锰酸钾晶体以防蛇咬（你不想知道她是怎样用萨摩亚语大喊大叫的吗？），把水煮沸并过滤，用以混合成显影剂——他将把大量时间和精力浪费在这些机械性的工作上。如果他能把语言稍微学好一点的话，他就可以把这些工作交给别人去做。"[1]

自米德时代以来（她于 1978 年去世），学者们——以及一些为人类学家提供写作素材的人——就提出了"代他者发声"的棘手问题。我们可以这样做吗？应该这样做吗？当然，这一问题在一定程度上是对那个时代的人类学家在他们笔下的人物面前表现出的傲慢姿态作出的回应。

我是一个欧美白人中产阶级男教授，笔下是一群生活在遥远大洋国度的沼泽地里的黑人村民，他们大多身无分文（和"贫穷"不是一个意思）。我和我所描述的这些生命之间的巨大差异意味着所有的引爆器从一开始就已存在。地雷显而易见。

然而，和大多数怀揣着一堆信用卡的人类学家一样，我仍然坚持玛格丽特·米德的信念，即我们不仅可以，而且应该——事实上，我们有责任——介入那些和我们不一样的人，并为其发声。如果说人类学作为一种接触世界的方式只有一个信条的话，那就是我们要从差异中学习。正是差异让这个世界变得丰富，它掀起波澜，延展自身，千变万化。以尊重的方式与差异打交道必然会带来风险，这其中包括政治和认识论的风险（你可能会完全弄错）、代表他们的风险（你如何体面地描述他人——包括他们的独特或缺陷——而不显得居高临下、过分谄媚或多愁善感），还有个人风险（与差异的相遇往往会向不可预知的，有时甚至是你不希望的方面转化。你还得承担责任和长久的、往往是无以报偿的歉疚）。

这些都是严重的风险，需要被承认、接受，并时刻铭记在心。但是，如果选择不被卷入差异中——忽视它、拒绝它、回避它或否认

---

[1] 玛格丽特·米德，"作为田野工具的土著语言"，《美国人类学家》41 卷，第 2 期（1939 年 4 月—6 月）：189—205。

它——则会带来一个新的问题，那就是不承担这些风险是否意味着更高的风险。

此外，这本书并非要代我笔下的村民们"发声"，而是与他们"交流"。这本书讲述的是作为一名人类学家在巴布亚新几内亚雨林做田野调查的感受。生活在那样一群人中间，他们不断提醒我，且不论我或别人在这件事上怎么看，我和他们并没有本质的不同。对村民们来说，我的白皮肤和白人特权并不是差异的象征。恰恰相反，我出现在他们中间，表明我实际上就是他们中的一员。在与他们相处的整个过程中，他们把我牢牢地吸引到他们那个交流、责任和义务的网络。

我试图借由此书扩展这种交流，履行这种责任，并让自己无愧于心。我希望我在这里讲述的故事，不仅能提供一种解释，还能让人了解到我所描述的特殊命运是如何降临到泰雅博语和迦普恩人身上的——这样特定的时间，特定的地点，这群特定的人。

我也希望这本书能传达出我不断回返这个村子驻留其间的那些年里，我所经历的好奇和喜悦，以及挫折、焦虑，间或还有赤裸裸的恐惧。人类学家在描述他们的工作时，会倾向于强调积极的一面，并将长期生活里最困苦的一面当作浮光掠影。实际上，他们这些不速之客与当地人进行了一次又一次不期而遇的磨合，并最终建立了长久的关系。

这本书是特别的。

第一章

我们呼吸的空气

The Air We Breathe

"你们所要做的就是填好这张表，公司就会过来，抽走你们的空气。"大腹便便的腐败政客东施先生向村民们解释道。他坐在一个村民家的地上：这是一个架在桩子上的露天房子，用树皮做成，西米棕榈叶做屋顶。

这个东施先生四十五岁左右，谢了顶，来自邻近的一个村子。他已经竞选过多次省议会的席位，但每每都会败给一个竞选前夕到来的人，那个人许诺要比东施先生给村民们更多钱和舷外马达。那人赢了选举之后近水楼台先得月，把政府和非政府组织用来发展的资金中饱私囊，然后消失得无影无踪。

东施先生的野心就是想成为那样的政客，而且他自信总有一天能如愿以偿。与此同时，他奉承巴结那些拿下议席的腐败政客，然后开始觊觎更多当地的征地项目。他那个啤酒肚就是他成功哄骗村民的见证，他说服他们这些项目将能给他们带来改变。唯一的变化就是他们发现自己的腰包比他来之前更瘪了。允诺的改变不过是竹篮打水一场空，但他总能找到替罪羊：腐败的政客撒谎啦，有人偷了钱啦，巫师作法然后一切都消失啦之类的。

东施先生坐在一个村民家里，背靠着角落里的一根柱子挠痒，大汗淋漓。他不是因为紧张。他之前已经来过多次，也知道怎样给村民们灌迷魂汤。他流汗是因为他太胖，而且午后骄阳似火；还因为他嘴里塞满了槟榔，那玩意儿就像咖啡因一样刺激你，让你出汗不止，还会把你的嘴巴染得鲜红，牙齿黑得像烂掉了似的。

来开会的村民们没有多说什么。他们只是听着那个叫翁佳尼的（他们在背后管他叫"大肚子"）告诉他们他为什么要来。

二十来个男村民就像大肚子那样盘着腿，分散开坐在屋子里。他们组成了一个半圆形的圈子，也嚼着槟榔，偶尔腰部前倾，然后准确无误地把鲜血一般的唾沫吐进树皮地板的缝隙里。女人们散坐在近旁的门厅口。她们也嚼着槟榔，一只耳朵听着屋子里的交谈，另一只耳朵听着邻居们在翁佳尼说话时的窃窃私语和尖酸刻薄的评论。

"我今天来是让大家提高认识。"翁佳尼宣称。他操着一口皮金语，巴布亚新几内亚的国语，还抛出了一个新词 ewenes，是他从非政府组织或教会又或者是什么政府资助的课程里学来的，还不厌其烦地广而告之他参加了遥远首府里的课程的事，去过那个地方的村民屈指可数。他说，他刚从首府回来。他在那儿参加了一个为期三天的新课程，与所谓的碳贸易有关。

翁佳尼告诉村民们，他们应该了解一下在"各国"（ol kantri）——他指的是巴布亚新几内亚之外的每个地方——碳贸易已经变成了一桩大事。他说，"各国"空气资源告急。那些几乎覆盖每一寸土地的工厂已经把空气消耗殆尽。树也不再有了。翁佳尼提醒大家，树能制造空气。没了树,就没有空气。"各国"老百姓越来越难呼吸了。

相比之下,巴布亚新几内亚则植被繁茂。翁佳尼的身子前倾越过蜷曲的双腿,把一口红唾沫吐进地板间的缝隙。他用手背抹了一把嘴巴,脸颊上散开一片猩红的印子。他大臂一挥,指向大家周遭的雨林。"看看你们周围,"他说,"你看到的都是树。巴布亚新几内亚到处都是树。我们可是有源源不断(obaplo)的空气啊。"

"各国"发现巴布亚新几内亚有丰富的空气资源后,纷纷派遣使者到这里来寻找空气。翁佳尼告诉村民们,巴布亚新几内亚对"各国"深表同情,然后达成了交易。一家受政府许可的公司会把大型储气罐运到雨林里,然后抽满空气。满载空气的储气罐之后会被运往"各国",空气会被装进瓶子里,在商店里出售。他解释说,这就是碳贸易。

"你付多少钱,就能得到多少空气。"翁佳尼笑了,想让村民们见识见识自己多么见多识广,对"各国"的情况了如指掌。"如果你没足够多的钱,你就得不到足够多的空气,一会儿你就会上气不接下气。"

生活在这片与世隔绝的沼泽地里的村民们之所以关心这件事情,是因为这片尚未开发的雨林是祖先留下来的土地,而这里是空气储气罐的首选目标。翁佳尼一再重复说,这是一个千载难逢的好机会——村民们飞黄腾达的时刻到了,碳贸易会让他们赚得盆满钵满。翁佳尼也不清楚他们能得到几百万基纳(巴布亚新几内亚的法定货币),但想必是一笔不菲的收入。此外,那家公司会为村子带来发展的机遇。为此,许多树得被砍掉(毕竟,储气罐很大,需要空间),村民们将被禁止打猎或在自家土地上造花园。但他们不用再打猎,也不用再种植食物了——那家公司会给钱,数字多少不知道,还会修一条高速公路和一条机场跑道,给他们造钢筋水泥的房子、商店和一个游客中心，还会给他们建一所大学。

村民们只需要把翁佳尼从网兜里拿出来摊开在他面前地板上的表格填了。表格用英文打印，没有村民会这种语言。条文规定，从碳贸易中所得的收益将百分之百归一家叫太平洋碳贸易有限公司的机构所有。这家公司的老板是翁佳尼和他村里的其他三个村民。在这次会议期间，从始至终，大肚子都没有只言片语提到这些小细节。他只是一味怂恿村民，如果他们想要改变，就把表格填了。

他们是多么渴望改变啊！如果说除了巫术之外，还有哪个话题会萦绕在他们的对话和脑海中，那就是改变。他们想要改变，迫不及待。但村民们不仅仅想要改变——他们想变成另外的人。我慢慢才发现，他们想要从黑人（跟澳大利亚土著一样，大部分巴布亚新几内亚人是黑皮肤）变成白人。

我是一个白人。我在美国出生长大，但十九岁那年移居到了瑞典。1985年，我第一次来到巴布亚新几内亚的时候，还是一个二十四岁的博士生，一腔热情，天真无邪，涉世未深。我对巴布亚新几内亚知之甚少，而且对于热带雨林中的生活一无所知。但我漂洋过海穿越大半个地球来到巴布亚新几内亚，为的是研究一门语言是如何消亡的。

巴布亚新几内亚的语言比世界上任何国家都多。在这片面积与加利福尼亚相当的土地上只有八百多万人口，却有近一千种语言——注意哦，是互不相通的语言，而非方言或变体——它们中的大多数依然没有被记录，许多语言的使用者只有五百人，甚至更少。

我来这个村子是受澳大利亚一位叫唐·雷考克的语言学家的指引。雷考克开朗健谈，喜好饮酒，有点轻微洁癖。1970年代初，他乘一艘独木舟游遍了巴布亚新几内亚北部塞皮克河的整个下游区域，从那一带许多语言的使用者那里收集词汇，以便绘图、分类。

在靠近汹涌的塞皮克河河口处的一个村子里，雷考克认识了两个人，了解到雨林深处有一个村子，那里有一小群人说着一种与其他语言都无法互通的语言。那个村子叫迦普恩。雷考克自己从未造访过迦普恩，那地方太难去了。事实上，在我去之前，只有大约十个白人去过那个村子。1930年代及"二战"后的几十年里，只有几个澳大利亚巡警和德国传教士路过迦普恩。他们都表示那个村子太难到达了，而且几乎没有人回去过。此外，自从1940年代末以来，成功到达迦普恩的白人主要是一些天主教神父，但他们通常也只去过一次。他们往往到了那个村子后，草草做一场弥撒，给几个婴儿施洗，然后就离开了，再也没回去过。只有玛利恩堡一个天主教传教站的一位健朗的老修女——乘着木筏跋涉八小时——风雨无阻，几十年里，出于医疗的目的，每年去一两次。她会待上一晚，搭一个小诊室，分发用于治疗疟疾的氯喹丸，给村民挤脓疮，并为任何看上去有需要的人注射抗生素。

在去巴布亚新几内亚的路上，我造访了位于堪培拉的澳大利亚国立大学，敲开了雷考克教授办公室的门，向他咨询在哪里可以做关于语言消亡的博士论文研究，他建议我去迦普恩。他说他对那个村子一无所知，也不知道那里会发生什么，但他记得听人说起过，那里的语言非常迷你。"这个语言太小了，应该就快没了，"他推断说，"为什么你不过去看看情况呢。"

我遵循了他的建议，启程前往迦普恩。我第一次去是在1985年，在那儿待了一个月，想看看能否在那里生活更久的时间。

当然，迦普恩的村民们会困惑，一天下午，一个不知从哪里冒出来的陌生白人男子用蹩脚的皮金语——当地村民放弃母语后说的语言——声称他想和他们一起生活，写一本关于他们语言的书。他们唯一见过的书就是1975年巴布亚新几内亚获得独立前,澳大利亚巡警们巡访当地时带的《圣经》和笔记本。一个村民听说存在一种神秘的叫漫画书的东西。村民们相信,所有这些书都有神奇的魔力,能变出金钱、飞机、舷外马达和其他货物,这些东西白人们拥有,而像他们这样的巴布亚新几内亚人没有。

现在一个年轻白人男子突然出现在他们面前,跟他们谈起一本书,这件事本身就耐人寻味。机会要来了。但我究竟为什么要来这里?我为什么来迦普恩,而不是什么别的村庄?

村民们思考了一会儿这个问题,很快得出一致结论。在我抵达的几周后,他们向我分享了结论,揭示了我到这儿来的真实原因。他们告诉我,我是已经死去的村民,回到迦普恩来引领他们走上变革的"康庄大道"。

他们选择向我透露这一消息的时机远非理想:这是一个雷声大作的夜里。大雨砸在我房子的茅草屋顶,我正和不知几个人一起坐在地上。唯一可见的光亮是村民们抽用报纸卷成的烟时闪烁的橙色的光,就像不见其人的眼睛一样在黑暗中明明灭灭。闪电不时划过,每个人仿佛瞬间僵住,变成一张面无血色的蓝汪汪的画片。这整个场景让我寒毛直竖,不禁想起了小时候在深夜看过的许多阴森的廉价恐怖片。此刻,在这样一个永远以一声凄厉的惨叫画上尾声的场景里,我置身于一片茂密的热带雨林深处,三更半夜,无处脱身,这些环绕我周遭的人,他们的祖辈们曾砍下其他人的头颅当作战利品,煞有介事地告知我是个幽魂。

我得抑制住尖叫的冲动。

尽管他们说我是一个幽魂,尽管这个村子的一切让人一言难尽——无处不在的泥巴;如滚滚云烟一般的蚊子(村民们给八种不同的蚊子都起了名字);布满疥疮、毛发稀疏、蓝皮肤的土狗,我偶尔能看到它们在浅浅的水井里洗澡纳凉，而村民们从同一个地方获取饮用和煮饭所需的水；还有当地的食物真叫人欲哭无泪，村民们按照自己的方式，几乎完全用一种黏性淀粉做成的东西，粉色，有一种浓浓的黏液一般的紧实度——但我最终还是决定会再来迦普恩。

当地的语言状况就像唐·雷考克所描述的那么饶有趣味。就我所知，十岁以下的孩子似乎没人会说当地的土著语言，也就是泰雅博语。他们似乎都能听懂，但没有小孩说这种语言。他们说话用的是国语，也就是皮金语。我意识到，这是一个关键时刻，跟其他研究语言消亡的学者们描述的情况都不同。其他研究一般把焦点放在消亡语言的最后发言者身上——他们考察的是处于濒危阶段的语言，赶在这些语言消失之前赶快将其记录在案。在迦普恩，我得以见证这一转变过程的开端。出于某种理由，村民们养育了第一代——在该语言的历史里，这还是第一次——突然不再学习泰雅博语作为母语的孩子。

更吸引人的是村民们对于这一突如其来的转变的解释。当我们问他们为什么他们的孩子不再说泰雅博语，父亲母亲们都坚称他们是想让孩子们说的——而且他们按照他们的父母养育他们的方式养育自己的孩子。这些父母告诉我，是孩子们自己变了。孩子们不再想学泰雅博语。大人们告诉我，他们太自大了，意思是说他们的孩子太任性固执，不想学说泰雅博语。一个谜凝固了：自大的小屁孩们。

我决定回到迦普恩，还因为我喜欢生活在村里的那百十来号人——我觉得他们好客、有趣、滑稽。他们不用我其实是死人这样的鬼话把我搞得紧张兮兮时，也能把我逗得捧腹大笑。

除此之外，显然村民们也想让我回去。在我头一次去的一个月快结束时，他们向我保证要给我造一个房子，还向我打包票，我的物品可以安心存放，不用担心会消失在没心没肺的毛孩子或垂涎欲滴的访客手里。就在我要离开前，一个知识渊博的老人——被称作"大人"

（在皮金语里是 ol bikman，泰雅博语里是 munjenum suman）——用羽毛和野猪长牙为我盛装打扮，然后指引我喝掉他们倒在一张芋叶里的开过光的水。他们解释说，这些神水可以让我打开话匣子，从而学会泰雅博语，我前世因为英年早逝没来得及学会。

在同一个场合，男人们宣布说他们赐予了我一个泰雅博语名字。这不是我上辈子的那个名字。那个时候我叫孔吉，只有几个月大的时候就夭折了。大人为轮回转世的我赐予的新名字尊贵高尚——是某位村庄的创始先祖的名字。

这个名字是萨拉奇。我喜欢这个名字。它的发音，开头蜿蜒曲折，突然被喉间的停顿打断，继而一路沿着惊心动魄的元音俯冲，这让我想到托尔金可能会梦见的那种不怎么心地善良的小精灵。

第二年，我回到了迦普恩。我在那儿待了十五个月，住在一个由柱子撑起的大房子里，是村民们为我建的。我完成了我的博士论文，写了一本书，讲的是我观察到的泰雅博语以及它为何消亡。

从那以后，我回去过五次，算下来，我总共在迦普恩待了近三年时间。[1]

村民们一直把我当成是一个鬼魂。我是一个既一无是处又桀骜不驯的鬼魂，因为尽管那些年来来去去，我却从来没有向村民们透露怎么走上变革道路的秘密，他们一心觉得我有这样的神通。然而这没阻止他们仔细观察我的行为举止，掂量我说的话，盼着我总有一天说漏嘴，露出马脚。他们相信当他们找到了我能通往的那条"康庄大道"时——或他们死的时候，不论哪个先发生——他们的黑皮肤就会像蟹壳一样裂开，他们会以柔嫩、白皮肤的形象走出来，摇身一变腰缠万

---

[1] 我去那个村子的时间如下：1985 年（1 个月），1986—1987 年（15 个月），1991 年（两个月），2006 年（6 周），2009 年（9 个月），2010 年（1 个月），2014 年（两个半月）。

贯。因为有了白皮肤，他们就能立即得到白人拥有的金钱和商品。

"大肚子"翁佳尼被喂了个饱，然后离开迦普恩回到自己的村庄（步行两小时才能到），村民们开始悄声议论他说的话。女人们纷纷表示不屑。"万一这个公司来了，然后把我们的空气都抽光了，我们咋办？"她们想知道。翁佳尼关于巴布亚新几内亚空气资源充裕的说辞没能让她们安下心。"空气全没了之后，林子里的猪咋办？"她们问道。"我们的西米棕榈咋办？我们的香蕉园，我们的芋头，我们的烟叶咋办？""我们的孩子吸什么空气？"

男人们承认或许这些顾虑绝非无足轻重，但他们的态度更温和。一百亿基纳是一笔天大的巨款。一条公路和一条机场跑道也价值连城。一所大学则更加值钱了。他们知道翁佳尼就是一个居心叵测的大话精，之前好几次骗过他们的钱，但他们不希望想都不想就放弃这一提案。诚然，他给的表格没人看得懂，他声称下个礼拜就会来回收村民签好名字的表格。但这毕竟是一张表格，是在机器上打字，然后印出来的。看上去像个官方文件。他们拿给我看，让我解释给他们听。我翻译了纸上的文字，告诉他们翁佳尼又想欺骗他们。就像每次我试图说服他们不要相信某个骗局时那样，我得到的回应是：他们完全无视了我。

2009 年中，就在翁佳尼造访迦普恩的时候，我在村子里已经待得够久，也接受了我在碳交易这类事情上的看法无足轻重。尽管村民们对我比他们有更多世界各国的一手经验这一点表示尊重，但我实际上没有开启他们期待已久的改变之路还是让他们耿耿于怀，因此他们无视我对于翁佳尼的骗人计划表达的反对意见。仅就我知道的来说，他们认为我对他们孜孜以求的"康庄大道"一无所知。我初来乍到之时，我的无知可以归结为我的青春年少，归结为我的国家的大人尚未将所有的秘密向我和盘托出。

我想在我之后几次回去的时候，村民们的结论是我是一个冥顽不化的人。

又或者我在狡猾地蓄意阻挠。不论是何种情况，他们已经把我牢牢地固定在了先入为主的对于周遭世界的理解中，每每我提出他们关于"各国"生活的想法是并不准确的，都被轻描淡写地搁在一边，随后就被遗忘了。我一直告诉他们"各国"的大多数老百姓其实也要靠工作赚钱，那里也有穷人，或者白人有时也是走路的（而不是坐在汽车里由司机接送），但只换来面无表情的注视。

但另一方面，像我讲的地铁之类的事情则被他们热情接纳，一再被想听的人互相转述：当我讲到地下隧道的时候，村民们就心领神会地微笑，他们对这些已经了然于胸。经由从当地坟场下穿过的隧道，死去的巴布亚新几内亚人会到达罗马，变成白人。我关于大汽车穿过地底隧道的描述也验证了村民们之前的发现——他们会分析那些声称了解情况的村民们传播的流言，仔细核实那些隔几年来村子里住上一宿的古怪神父们讲述的故事，也会试着弄明白邻村那所只存在了十来年的小学里的老澳大利亚课本里的照片和图画。

这就是我和村民保持长久关系的信条：我会听他们说的每句话，把大部分记下来，然后逐字誊录进大的线装笔记本。

这一关系并不是互惠的。对我说的话，他们更多时候是选择性地在听。

第二章

沼泽里的村庄

A Village in the Swamp

唐·雷考克建议我去迦普恩做田野调查的时候，我在任何地图上都找不到这个地方，但好像也用不着戴着软木遮阳帽，怀揣指南针和地形图那样深入雨林才能找到。

迦普恩（依然如此）人迹罕至，从韦瓦克，也就是东塞皮克省的首府，或邻近一个叫马当的省的同名首府出发，要花三天时间才能到。但许多生活在距离这个村庄约三十英里的人大致知道在哪里，也有一些有舷外马达的人最远可以把你载到塞皮克河河口处不远的那一大片红树林潟湖，然后你得穿过那里抵达迦普恩。一到潟湖，就开始有点诡异了，因为你得从密密麻麻的红树林里找到通往雨林的那条浅浅蜿蜒的小溪。乘约半小时木筏，终点就在眼前。你下了木筏，把腰束紧，再花一个钟头穿过一片沼泽地。

第一次去迦普恩的时候，我先去了韦瓦克。在澳大利亚，别人给了我韦瓦克的一个澳大利亚男人的名字，那人的太太是巴布亚新几内亚人。那个男人好心安排他的小舅子带我去了塞皮克河一个叫塔威的村子，在那儿我雇了一条舷外马达驱动的木筏带我去迦普恩。我雇的这两个带我去迦普恩的男人知道去村子的路，因为他们有一个远房亲戚娶了一个迦普恩女人。他们去迦普恩看过他一次。

天刚亮我们就出发，下午晚些时候到了迦普恩。抵达村子的时候，我已经被这趟沼泽之行搞得筋疲力尽，也因为饥饿和方向迷失处于恍恍惚惚的状态。我的两个向导把我放在了露天的男人房子里，然后叫了一个小孩去找他们的亲戚。

那个时候，我才在巴布亚新几内亚待了差不多两周，皮金语水平非常有限。我能对那些赶来围观我的好奇村民说的话只有不，我不是一个神父，这是他们所有人问我的第一个问题。我呆呆地待在原地，我的向导跟村民们解释我是谁，我来干什么，以及我想待在这里。这个事情首先讲给那些聚在那个男人房子周围的男男女女们听，当我的向导的亲戚出现后，再详细复述给他听。我的向导们决定让这个亲戚在我留在迦普恩期间照应我。

这个唐·雷考克从未到过也一无所知的村子，其实是雨林里一处风平浪静的裂缝。它的周遭被根植在广袤无垠的沼泽地里的大片植被环绕。穿过那一片黏糊糊又臭烘烘的沼泽到达村子后，我可算是意识到了许多人对雨林抱持的那种浪漫想象——用外交辞令来说——是有误导性的。

雨林，过去的叫法是丛林。我不清楚从什么时候开始突然要用政治正确的"热带雨林"来取代"丛林"。但我确实觉得"丛林"这个词所唤起的那种生猛感和威胁感更好地传达了进入这样一个环境的感受。

雨林听上去颇有点田园牧歌的味道。常有人告知我们，它们是地球的肺。这个被净化后的比喻让人联想起新鲜的空气、美丽的花朵、翩跹的蝴蝶、温和且笑容满面的土著人，生活一片和谐，周遭枝繁叶茂。

相反，丛林则不是那么友好的地方。丛林唤起的是深不可测的植被和毒蛇的形象；是干枯的头颅和食人怪；是一大群凶残的食人鱼几分钟之内就把一头水牛生吞活剥；是浩浩荡荡的蚂蚁大军像沥青一样覆盖路上所有的活物，用成千上万小剪刀一样的上颚让它们四分五裂。

丛林是人们被流沙吞没，被鳄鱼蚕食的地方。雨林是人们与自然和谐共处，与生态圈融为一体的地方。

迦普恩所在的区域更像是丛林而非雨林。那里有蚊疫、有鳄鱼、有爬到你眼睛上的黑水蛭，还有剧毒无比的蛇（准确的叫法是死亡蛇）。你一转身，到处都是那种满是针刺的树，蜿蜒缠绕着有锯齿状尖头的藤蔓，你走过的时候，会把你绊倒或刺伤你的脸或皮肤。还有泥，铺天盖地的泥。在泥土的掩盖下，那些尖锐的、带刺的、凹凸不平的，有时还带毒的生物和残骸就潜伏在那里，你会滑倒——会跌倒在鳄鱼或死亡蛇头顶，或劈头盖脸撞到一棵带针刺的树上，又或是一片带锯齿尖头的藤蔓里。

还有那里的炎热，那种压迫着你的没完没了让你疲惫不堪的潮湿，仿佛要从你身体每个毛孔里拽出汗水，甚至你自己都不知道原来身上那些地方还有毛孔。

这就是我身处的环境，我就像一个骑着横鞍的女人一样坐在村里男人房子的树皮地板上，双脚缩在臀部的右侧，微微向我的左手边前倾。（尽管往后的那些年里，我习惯了坐在地板上，但我从来没学会舒服的盘腿坐姿。）我聆听周围的声音：知了声声刺耳，鹦鹉偶尔发出尖叫，一群飞舞的狐蝠发出的声音像猴子叫，它们白天倒挂在巨大的无花果树上的巢里，那棵树就在村子外头。时不时地，一丝蝙蝠的刺鼻尿骚味——就像烧焦的橡胶伴随着脏袜子的气味——会飘进男人房子里。它暂时穿透了浓稠和熟透的气息。空气就像一件湿答答的大衣，被热带的丰饶压得很低很低。

村民们叽叽喳喳着赶过来看一眼这个新来的白人，他们都戴着整洁的圆帽，一头黑发毛茸茸的，牙齿有红的也有黑的。每个人嚼的槟榔散发出一种让人眩晕的浓烈薄荷味，村民自己身上散发的汗味则清新干净又沁人心脾。七岁以下的孩童都光着身子。大一点的男孩和男人们则穿着程度不一的破布做成的短裤。女人不准进入架起的男人房子，但她们能自由站在地上，把手肘搭在抬高的露天地板上。她们中多数人袒胸露乳，一块长布松散地系在腰间。没人穿鞋子，我注意到的第一件事就是他们的脚硕大无比。那脚宽大、平坦而威严。脚掌慢慢收窄，然后是厚厚的灵活的脚趾，仿佛能伸展开来攫住什么。我的四肢窄窄的，他们则不像我，手指秀气而扁平。看我的脚，我觉得自己就像一个裹了脚的中国妓女。

大多数村民（就像巴布亚新几内亚内地人）都不高，不足 5 英尺，许多人在 4 英尺左右。让人惊讶的是，我在离开村子，开始处理我的照片时（别忘了，我第一次去还是 1980 年代中期，还处在要把照片送到冲印店，等着洗出来寄还给你的原始阶段），才意识到他们原来这么矮。看到我教几个年轻人给我拍照时，我简直不敢相信大部分村民只到我胸口。我之前的印象是他们高出我许多。的确，和村民待在一起的大多数时候，我都坐在地上，以横鞍的尴尬姿势身体前倾，我猜，这因此缩小了身高差，如果我站起来，则会更明显。但我偶尔也站起来，在雨林里和村民走来走去，挨家挨户串门。照片证明我确实站在他们身边过，但我却对身高差浑然不觉。我的结论是，不管他们实际的外形尺寸怎么样，村民们的确高过我，至少就心理层面是这样，他们关于雨林的知识远胜于我，我也得完全依靠他们才能在那里生存。

迦普恩是一个大杂烩，二十多个小房子随意地分布在一条狭长的林中空地中央。房子聚集在一起，各自隔着椰子树、修长的槟榔树和长着光滑的粉红马六甲蒲桃（皮金语里叫 laulaus）的硬皮树。村子的这一片区域不长草，主要以泥土为主。长着硬鬃毛的黑猪顶着大嘴吵吵闹闹又优哉游哉地穿过泥地，吞食村民丢弃在路上的食物残渣。豺狼大小的小狗（似乎所有的狗身上都长满了晚期兽疥癣）跃上我来时住的男人房子里，然后躺在灶台边。不管被谁看到，它们都会挨一顿棍子。一被打它们就叫，跳起来，走开几英尺远，然后又回到原地，而没过几分钟，坐它们旁边的人又开始打它们。

村里的房屋用竹竿、藤蔓、树皮和西米棕榈叶等灌木材料搭成。房子清一色高出地面三英尺多到五英尺不等，因为暴雨（雨林得名于此）会淹没建房的地面，把它变成一大片泥塘。有的房屋用竹竿或劈开压平的竹子织成的垫子围起来。但大部分都是露天结构，有一两堵矮墙为灶台挡风，灶台在屋子的另一端，是屋子里大部分的活动发生的地方。

房屋的地板让我着迷。地板硬而平坦，但遍布着又长又深的孔隙。我后来发现地板是用一种棕榈树制成的，男人们先把棕榈树砍倒，然后沿着树皮的纹理一路剁下来，直到整棵棕榈树都打上孔，再把整段树砍下来。树皮裂开，里面的木髓用铲子刮掉。余下的外面的树皮卷成毯子的样子，带回村里，再摊开到用藤蔓固定在支撑柱上的滑轨上。平均一间房屋的地板需要九卷（每卷 5 英尺 × 11 英尺）。

随着树皮变干，棕榈树上的凿痕会变粗变硬，地板上的那些宽的裂缝就是这么来的。在清扫残羹剩饭时，这些裂缝就变得很方便。村民们总是坐在一条裂缝旁边，这样他们坐着嚼槟榔的时候，就能把嘴里的苦涩红色汁液吐掉。地板上的裂缝也很方便处理小孩子的排泄物，每当有婴儿把尿或大便排在地板上的时候，用一杯水就能将之一扫而光。

房屋的内部看上去基本如出一辙。房间里什么家具都没有，除了灶边总放着女人用来烧水煮饭的几个铝锅。这些锅子是村民们用捕杀鳄鱼卖皮或种植咖啡和可可之类的经济作物赚来的钱买的。这些活动偶尔也能赚一点小钱，但其他地方的买家很少觉得长途跋涉来一趟迦普恩有利可图，村民们也没有把种植的作物运给买家的手段。村民用来营生的大部分作物最后只能在藤蔓里烂掉，或在树上枯死。

尽管村里房屋的内部布局相较我第一次去的时候有了些许改变（从那时起，有几个村民听说白人的房子里有房间后，也开始把房子隔成几个房间），一般的房子里还是只有一个大单间，各式各样的活动在里面同时发生。人们坐着吃西米，吐槟榔汁，往蹒跚学步的婴儿身上倒水，去除烟草叶子的中脉，切碎椰子，剥芋头，打狗，卷烟，一把小刀剥完芋头，随即就若无其事地用来清除指甲或脚趾间的沙粒——就在同一个地方做完这些之后，一天过完，他们搭起一个蚊帐，和孩子一起爬进睡垫里，然后进入梦乡。

除了家人生活的房屋外，他们还有男人房子。男人房子是村民的传统宗教信仰和政治组织遗留下来的。直到第二次世界大战不可逆转地打乱了当地人的生活（1942年，日军入侵巴布亚新几内亚北部，在那儿建立了基地，其中一个就离迦普恩不远）之前，迦普恩的宗教和政治生活都围绕着男性崇拜展开。这类崇拜的对象是令人生畏的嗜血的神祇，每当男人在葬礼、成人礼和庆祝打胜仗的场合吹响巨大的竹笛时，神祇们就会应约而来。对于这些神祇的崇拜——在这一带非常普遍，在皮金语里叫坦巴兰崇拜，人类学文献里对此多有著述——与摧残当地的没完没了的战争有关。它鼓动你杀死敌人，取下首级来供奉贪婪的神。

在坦巴兰崇拜里，两性的分隔壁垒森严，女人和孩子生活在小房子里，男人和少年一起住在男人房子里。女人煮饭给男人和男孩吃，白天男人和妻子去雨林里加工西米粉，打理园地。但女人被禁止进入男人房子，当神圣的笛子吹响时，男人房子会用西米棕榈条封住，女人则被勒令不准在房子周围活动，违者处死。

"二战"结束后几年，罗马教廷的传教士们来到迦普恩，他们很快就让村民们皈依了基督教。不论出于何种意图和目的，坦巴兰崇拜停滞了下来，男人房子的权力也式微了。尽管直至今日，坦巴兰神祇依然没有向女人揭开其面目，神圣的笛子还保存在雨林的壁龛里，由几个男性村民照看。男人房子（在任何时候，村子里都有两到三间）依然保留着禁忌的光环，女人禁止入内。

1950年代，村民们建了第一座教堂。因为白蚁的蛀蚀和暴风雨的侵蚀，旧的教堂坍塌后，他们每隔十年就要建一座新的。我到迦普恩的时候，就路过了一座最新修建的教堂。它位于村庄郊野，是我出了沼泽见到的第一座建筑。这座教堂也是当时村子里最大的建筑，可以容纳一百多人。这也是唯一一座没有被架起来的建筑，这意味着每到周日，尤其是大雨过后，村民们无法习以为常地坐在低矮的长椅上。他们得站着做礼拜——男人站在教堂右侧，女人和孩子站在左侧——在污浊的水坑里。

当地一个识字的男人每周日做弥撒，村民们在昔日是象牙白，如今是透着蓝色的耶稣肖像的注视下吟唱祷告，这幅肖像是很久以前一位来过村子的传教士捐赠的。

我开始入住迦普恩后,也乖乖地和村民一道上教堂。每个周日早晨,负责祷告的人就会敲响立在村子中央的那面鼓,召集大家来做礼拜。我跟随着几个村民,慢慢地走出家门,来到泥泞的教堂。母亲们怀里抱着婴儿,肩上驮着娃娃。男人、青少年和儿童则三三两两绕过水坑赶来。我恭敬肃穆地坐着或站在后面的男性区域。我自己不信教,一开始觉得这些周日的宗教仪式很烦人——令人厌烦地打断我要做的工作。说真的,我从不享受这些仪式,沉闷的天主教仪式,中间夹杂着短促的吟唱,漫不经心,声音尖细。渐渐地我才穿透这层无聊的浓雾,意识到村民们的宗教生活绝非无关紧要。相反,这对于我理解我最感兴趣的事情来说至关重要。

我来迦普恩就是为了回答这个问题:为什么一门语言会消亡?过了很长时间我才恍然大悟,问题提错了。或者说我这个问题的答案很明显:没人说了,一门语言自然就消亡了。

当然,你可以问为什么人们不再说这门语言,那就更有意思了。语言学家是为数不多的认真在意语言消亡这个问题的人(还有一些语言活动家往往为时已晚了才发现,他们祖先的语言已经奄奄一息,濒临灭绝)。但当他们提出这一问题时,永远语带失望或责备。

当语言学家或语言活动家问"为什么使用者不说这门语言了",他们的言外之意通常是:"为什么这门语言的使用者辜负了我们?为什么他们眼睁睁看着一件独一无二的手工艺品,一件人类百宝箱里价值连城的首饰,一件本应妥善保存的精美作品消亡——或至少也得等到我们把它独特的音位、词法以及它生僻的句法记录下来——为什么这些目光短浅的忘恩负义之徒,即便可能面临着什么偏见,又或者,甚至冒着被种族屠杀的风险,但为什么,哦,究竟是为什么,他们就是不明白自己的语言有多珍贵,他妈的为什么就不教给自己的后代?"

如今,许多研究语言消亡的语言学家甚至压根儿就没考虑过说这些语言的人。他们乐于把濒危语言比作濒危物种：一门被淘汰的乌兹别克语被比作受到威胁的兰花；一门衰亡的巴布亚语就像加利福尼亚秃鹰。就在我们都被鼓动去关心环境和可持续发展的时候，许多语言学家似乎认为，为濒临灭绝的语言寻求同情和支持的方式（不论在实践层面意味着什么）就是挪用生物多样性和物种灭绝的话术。

当然，还有比用花朵或稀有鸟类做比方更糟糕的思考语言问题的方式。但把濒危语言比作濒危物种的一大难题在于，这类比喻会把我们的注意力导向自然界。然而，我们不应该通过自然界来理解语言为什么消亡。毕竟，娇弱的兰花不会被送进学校，学习一门它们从未听过的世界通用的语言，它们在学校里只能学到传统的兰花的生活方式是多么错误。加利福尼亚秃鹰也不会改信基督教，然后被告知它们作为秃鹰的生活是堕落邪恶的。

说句公道话，所有这些事情都不会发生在语言身上。但它们的确发生在那些语言学家和语言活动家关心的语言的使用者身上。

通过把濒危语言比作濒危物种，我们被引导以生态圈而非政治系统的语言来思考问题，如此一来，一个简单的认识被模糊处理了：语言的消亡绝非一个自然现象。相反，它是深刻的社会现象。语言消亡的原因不在于到了寿终正寝的时机，也不在于被音韵更广阔或句法更丰富的语言所取代。语言消亡是因为人们不再说它们了。

我意识到与其探究为什么一门语言会消亡，倒不如追问：一门语言是如何消亡的？我需要研究的是这个社群里的语言使用者们发生了什么，使得父辈们不再把他们的语言教给孩子。语言是从何处开始消亡的？又是如何持续的？需要以任何人的名义作出一个决定吗？一门语言会不会在任何人都不希望它消亡的情况下就这么销声匿迹了？

据我估计，五十年后，泰雅博语就会完全消亡。我第一次到迦普恩的时候，说这门语言的人差不多有九十个，总人口一百三十。如今，三十年过去了，使用者四十五人，总人口约两百。随着村庄的扩张，语言萎缩了。

尽管，在所有迦普恩人的记忆中，会说泰雅博语的人最多的时候也不超过一百五十个：泰雅博语的鼎盛时期，说这门语言的整个人口仅够塞满一节纽约地铁车厢。

尽管这一数字很小，但这样一门小语种在巴布亚新几内亚并不特殊。这个国家的大多数语言只有不到三千名使用者。语言学家们估测，这里面百分之三十五（意味着约三百五十种）的语言的使用者从来没有超过五百人。

与既有的看法或常识相反，这一群迷你语言并非是因为彼此隔绝造成的。并不是村子跟村子因为大山或密不透风的丛林的阻隔才产生了这么多语言。恰恰相反，在整个巴布亚新几内亚，拥有最高语言多样性（语言最多）的地区是彼此轻易就能互通的地方，比如沿着河流和小溪划一个木筏就能到的地方。而那些更难到的地方，比如像脊柱一样蜿蜒曲折穿过这个国家中央的山区，则是同一种语言使用人数最多的地方（最大的一门语言叫恩加语，使用人数超过两千）。

对于这样反直觉的语言分布，语言学家们得出的结论是，巴布亚新几内亚人以语言作为区分彼此的手段。在世界其他地区，人们用宗教、饮食习俗或衣着风格来将自己与外人相区别，而巴布亚新几内亚人则通过语言达成了相似的结果。他们想与邻居显得不同，而让自己与众不同的途径就是语言多样性。

这片陆地上，大量相邻的群体共享相似的关于死后世界的传统信仰。他们的巫术、仪式、祖先崇拜都大同小异。他们共享起源神话。白人于 19 世纪中期到来之前，他们的穿着打扮如出一辙（直到今天，他们依然穿得差不多，因为他们所能得到的衣服都很有限——主要就是 T 恤，男人穿短裤，女人穿老太太那种松松垮垮的"罩衫"，当初传教士引进这种服饰的目的是为了让她们显得端庄，遮住过于暴露的胸部）。相邻的部族都捕食雨林里的猪和鹤鸵，以西米、芋头或红薯为食——只要他们的土地上能长出这些主食。

就语言来说，巴布亚新几内亚人之间就各不相同了。

尽管他们生活的这一带，不同部族的人彼此互不隔绝，泰雅博语本身确实是一个语言的孤岛，这意味着它与其他语言没有明显的联系。它的词汇与任何其他语言都不同，诸多其他语法上的特殊之处让它在该地区的巴布亚语言里独树一帜。[1]

没人能解释为什么泰雅博语是一个孤案。"二战"结束后，村民们开始种植经济作物，把村子搬迁到了离红树林更近的地方，试图（但没有成功）吸引买家前来购买大米，之后他们还满心期待地种了花生。但迦普恩此前一直都位于整个低塞皮克盆地最高的山上。这座山仅高于海平面五百米，今天也算不上高，但上千年前，就只有这一个岛。

这样一门孤立的语言，在这样一个过去是孤岛的地方，或许说明泰雅博语是一门特别古老、土生土长的语言，早在大海退去，塞皮克河形成之前，它就以某种形式存在了，也促成了几千年前，一拨又一拨移民从巴布亚新几内亚内陆来到海岸地带。

不管是怎么形成的，也不管它有多袖珍，泰雅博语就像英语、俄语、纳瓦霍语或祖鲁语一样五脏俱全，这意味着它已经发展并稳定存

---

[1] 比如，在泰雅博语里，带及物动词的语法结构的作格听上去像代数，所以你说"那个女人走了"就是"noŋor wok"。但如果"那个女人"后面跟一个及物动词，那"女人"这个词就会加一个 -yi，所以"那个女人煮西米"就是"noŋoryi mum nirkwankuk"。泰雅博语里出现不及物动词时，也有性别之分，所以叫一个男人或男孩时，你就说"Wetet！"（"你过来！"），叫一个女人或女孩时，你就说"Wetak！"

在了相当长的时间，上百年，或者上千年。所有往昔的繁荣鼎盛都在 1980 年代戛然而止。那个时代中期，成长在这个村子里的孩子们不再学习泰雅博语作为第一语言，这尚属首次。他们学的语言叫皮金语。

据估计，皮金语在巴布亚新几内亚有四百万使用者，是这个国家使用最广的语言。与泰雅博语或任何这个国家其他土著语言不同的是，皮金语——这个名字的字面意思是"洋泾浜话"或"鸟语"——的历史非常短。像多数今天依然存在的混杂语一样，比如加勒比海的牙买加克里奥尔语或非洲的喀麦隆混杂语，皮金语作为一种种植园语言崛起于 19 世纪后期。在太平洋地区，欧洲殖民者带来了大量有不同语言背景的人到种植园劳作。劳动者们加工椰仁干（烤焦晒干的椰肉，用于榨油）或采集亚洲菜肴里的一款美味——海参，这促成了 19 世纪中期到后期，遍及南太平洋的庞大产业。

这上千号人——他们语言不通，但得在一起工作，遵照欧洲督工的命令——做了什么呢？他们发明了一门新的语言。这门语言的许多词汇借自发号施令的欧洲人的语言（所以 tok 意思是 "talk"，sanap 意思是 "stand up"，pik 意思是 "pig"，misis 显然是 "白种女人" 的意思，masta 就更明显了，"白种男人" 的意思），但其语法则深深植根于他们在母国说的家乡话。[1]

从 19 世纪后期诞生之初，皮金语就是许多欧洲人和澳大利亚人

---

[1] 当地语言影响皮金语的一个例子是动词的及物与否是如何被标示出来的。在皮金语里，就跟巴布亚新几内亚其他许多语言一样，一个动词形态的变化取决于是否及物。因此，sindaun 这个动词的意思就是"坐下"，但在及物动词的情况（就像"让某人某物坐下来"），sindaun 就变成了 sindaunim——这个结尾的 -im 就表示这个动词是及物的。英语里不会这样区分动词："我坐下"（不及物）和"我让宝宝坐下"（及物），动词"坐下"都是一个形态。

嘲讽的对象。在他们看来，建立在英语基础上的词汇的泛滥和扭曲，骗了说英语的人，让他们以为（很多人依然这么认为）这种语言不过就是牙牙学语版的英语。而这些人大部分是这么说话的，发出"带他来他来"这样的指令——他们鲁钝的耳朵和种族偏见使他们无法识别正确的形式，Kisim i kam。从那些彼此之间说这种语言的巴布亚新几内亚人的视角来看，白人跟他们说的才是儿语。他们给它起了一个贬义名称：tok masta（白人话），他们轻蔑地称呼它，在白人背后窃笑白人过去对黑人颐指气使时说的那种语言有多么蹩脚。

几十年过去，这种被发明的语言开始定型。动词凝固下来，词序稳定，语法也固定了。从劳动合同中获得解放的男人们把这一语言带回了家，像根茎一样从种植园散播到村庄里。就像他们被遣返回家时，作为报酬收到的工厂里生产的布匹、大刀、斧子和陶瓷贝壳一样，男人们把皮金语当贵重物品带了回来。这是一笔珍贵的财富，是通往另一个世界的钥匙。那些背井离乡在种植园里劳作的男人们互相之间就在村子里说着这种语言，以此彰显自己的见多识广，吓唬那些或许从没离开过出生地几天的乡巴佬亲戚和邻居们。

大约在 1916 年，皮金语来到了迦普恩。"一战"爆发前一年或更早之前，从沿海传来消息，当地白人正在寻找为他们卖力的年轻人。这些白人是来招募劳工的德国人，而他们招募的人会被运往德国人在新几内亚（当时还是德属新几内亚）东部的莱伊海岸和各大远方岛屿建立的椰子种植园。两个迦普恩人阿亚帕和怀齐去了海岸寻找那些白人。亲戚们反对，认为白人想引诱他们离开村庄然后杀害他们，但他们一意孤行，蠢蠢欲动，想外出历险。他们没有理会亲戚们，找到了招工的人，然后跟着他们走了。

阿亚帕、怀齐和许多来自内陆不同地方的人一道被带到了科可波的椰子种植园，就离腊包尔的德国人定居点不远，在新波美拉尼亚的一个偏远岛屿上。他们在这个种植园停留了至少三年，显然目睹了"一战"爆发时（当时"新波美拉尼亚"被断然改成了"新不列颠"）澳大利亚人对德属新几内亚地区的占领。我在迦普恩的语言老师老拉雅还记得阿亚帕——就是他的父亲——描述过 inglis（也就是澳大利亚人）如何抓捕德国人，并"把他们塞进大木箱。他们把所有人都塞进木箱里，钉得严严实实，把他们送回自己的国家"。

1914 年澳大利亚人占领了德属新几内亚后，阿亚帕和怀齐回家了。流传下来的故事是，他们衣锦还乡般地回到了村里，提着他们劳作得到的果实。每个人都有一个小的木巡逻箱，满载而归：钢刀、大刀、斧头、工厂生产的布匹、欧洲烟草、碟子大小看上去像贝壳的瓷碗。（新几内亚各地的村民们都把平贝壳当成无价之宝，知道这一点后，德国人就批量生产白瓷的冒牌货打发他们的劳工。）

但比他们带回来的物品更令人印象深刻也更长久的是他们说起的在种植园工作时的故事。更让人惊叹的是他们在为白人卖力时习得的新语言。

跟当时大多数新几内亚人一样，阿亚帕和怀齐也以为皮金语是白人的语言。就像进入村子再分配网络的钢斧和假贝壳一样，白人的语言也是这样：阿亚帕和怀齐立即开始和同龄人分享这一语言。

阿亚帕和怀齐回到迦普恩的几年后，一群来招工的澳大利亚人突然出现在村子里。这是有史以来第一次有白人真的光临这个村子，随即引发了恐慌。村民们吓坏了，多数人逃进了雨林里。只有阿亚帕、怀齐，还有几个过于虚弱来不及逃跑的老人留了下来。看到村民如此惊慌逃散，澳大利亚人采取了据说历经时间考验的说服技术：他们把留下来的老人聚拢起来，阻止他们离开，直到老人们焦虑的呼唤召回了几个年轻人。在那个时候，阿亚帕和怀齐帮招工的人做了思想工作:他们告诉村民,跟这些白人走,就会去他俩之前去的地方,就能学会皮金语。"我们已经教了你们一点白人的语言,"据说他们这么告诉村民,"但你们掌握得还不够。如果你们去了种植园,就能学得很好。"

五个人跟着招工的走了。

于是一种学习皮金语的模式建立了。年轻人先在村里学一点语言基础,然后作为合约工外出工作,把皮金语"学好"。之后,他们回到村子,再把这门语言教给年轻人。到了1942年,日军轰炸腊包尔,新几内亚卷入"二战",十三个迦普恩男村民(成年男性人口总共在二十五个左右)背井离乡,做了三年或更长时间的种植园工人,其中七个回去了。(留下来的六个人里,五个要不就是娶了当地女人再也没回去,要不就死在了种植园里。战争结束后,有一个带着新不列颠来的妻子和两个孩子回去了。其中一个叫莫内的小男孩,许多年后成了我最珍视的语言老师之一。)

战争让这一切戛然而止。日军出现在塞皮克河北部一带,也就是迦普恩所在的地方,澳大利亚殖民官员们齐齐消失了。起初,好奇的村民们欢迎到来的日本人,还帮了他们很多忙——在大本营给他们盖房子,提供给他们西米换盐。但很快,士兵们开始染上疟疾和其他热带疾病,随着联军的轰炸切断了补给线,他们开始挨饿。他们变得越来越具有威胁性和暴力,村民们被吓坏了。

村民们抛弃了山顶的村子,逃进了雨林里,住在临时搭建的避难所,一年多无法回到他们的园地。那一阵子就像被施下了一道悲惨和死亡的诅咒:几乎百分之四十的成年人口(五个男人和十二个女人)死了,或许死于肆虐当地的痢疾。死了这么多人,许多是老年人,意味着对皮金语一窍不通的村民数量大幅减少。大部分从战争中幸存下来的村民懂一点皮金语,许多幸存的男人这门语言说得相对流利。

　　战后,皮金语的地位在村里巩固了。除了许多说泰雅博语的村民离世,这一语言取得牢固地位的一个主要原因是基督教的到来。村民们至少从1930年代起就已经知道基督教,但直到战后才有神父来到迦普恩,那个时候这个地方要比现在更难进入。战后,村民们再也没有回过山顶的村子,部分原因是村子不复存在了:发现村民逃跑后,日军恼羞成怒,烧毁了所有被荒弃的房屋。村民们在山下平坦的平原上重新定居,就离日军建立大本营的地方不远。但这个地方还是很偏远:因为它与最近的可以通行的溪流相距甚远,到达那里要艰苦跋涉三到五个小时穿过沼泽:那里水深齐胸,都是泥,还到处是巨型淡水鳄。

　　第一个来到迦普恩的传教士是一个叫希拉里昂·莫林的加拿大天主教神父,他于1948年来到村子里。他回来过几次,到了1950年代中期,他已经为二十五名村民完成施洗。所有关于基督教的言谈都是用皮金语,村民们学着用那门语言背诵祷词,唱赞美诗,听弥撒。

　　除了教会的推动之外,离开村子当合约工的年轻人继续学习皮金语。1950年代早期,迦普恩的几乎每个未婚男性在十几二十岁的时候(约十七八个年轻男性里有十四个),在远方的种植园当合约工,在偏远的莱镇当下级水手或路工。这些人都熟练掌握了皮金语,回到迦普恩时,他们延续了父辈们建立的传统,彼此之间以及和孩子在一起时就用这门语言沟通。

　　上述每一变化都导致越来越多的皮金语被越来越多的人在村子里越来越多的场景中使用。村民们说,战后皮金语"开始壮大",而这一"壮大"也让女人和女孩们习得了这门语言,到了1950年代后期,她们已经把它融入了自己的交流中。1980年代时,我和一个妇女谈到皮金语,她告诉我,"战后,皮金语再也不少见了。它到了外面,变成了我们自己的土话。我们所有这些战后出生的女人就是说这个话长大的"。

村民们日益掌握皮金语后,第一个损失就是他们在其他语言上的能力。在皮金语到来之前,迦普恩人是一个能说多种语言的民族。周遭的村子没人花费精力去学习他们这门小语言——这一情形对迦普恩人来说正好,因为这意味着他们可以把泰雅博语当成一种没人能懂的密语。

在和其他村子里的人交流时,迦普恩的男男女女会学习他们说的土话。1980年代我第一次在这个村子里长期停留时,我听到"二战"前长大的老人自信地说着两种和泰雅博语无关、彼此也不互通的当地话,我还看到老人能对一两种其他语言作出回应,他们显然能听懂,即便不会说。

在战后出生的那代人里,随着皮金语的"壮大",通晓其他土语的能力骤降。人们不再需要学习当地语言,因为那个时候用皮金语沟通更容易。女人落在男人后面,在一代人的时间里,她们还会继续学习其他土语,因为当地的女人大体上依然不像男人那样能把皮金语说得那么好。然而到了1970年代,就连迦普恩的女人们在其他土语上的能力也被皮金语盖过了。

一旦女人开始说皮金语,她们就开始把它向孩子引导。这件事本身没什么。跟北欧和美国等地的中产父母不同,迦普恩的成年人不会花费大量时间跟小朋友讲话。他们不会用语言教小孩子任何东西,因为他们不认为刚学会走路的孩子是能被教会的。而且跟一个婴儿对话也没有什么意义,因为婴儿不会拾起话头,也不会回嘴。

但当孩子们,尤其是女孩开始被要求帮母亲照看新生的婴儿时,母亲们就开始向她们发号施令。这些命令——去捡柴火、递给婴儿哭着要的任何东西、爬到树上摘槟榔——逐渐用皮金语发出。女人开始对她们的小孩子做男人们几十年来对男孩和年轻男人（以及他们的妻子）做的事——用皮金语差遣他们。事实上，那些用皮金语让儿子、侄子和妻子干这干那的男人，就是被海外的白人用皮金语呼来喝去才学会这门语言的。

在语言的消亡史里，个体发育重述了种系发生学。

一门语言就是这样消亡的：在迦普恩，皮金语被整合进了村民的语言库里，首先被牺牲掉的是其他村子的土语，最终是他们自己的土语。村民们掌握的语言数量逐步减少，以至于四代人令人称赞的多语能力弱化成了单一语言。一个过去掌握多种语言的民族现在只能掌握一种。而这唯一的一种还不是他们祖先的语言泰雅博语，是皮金语。

我在这个村子里待得越久，越充分意识到这一点时，幡然领悟到自己本来设想的来迦普恩的任务——去理解一门语言是如何消亡的——事实上，不过是我天真担起的千斤重担的一小部分。泰雅博语不只是死了——它完全没有被记录下来。等到它消失的那天，它作为一门语言的独特天分就会消失得无影无踪。除非我开始行动，也就是说，开始把它书写下来，录下来，然后弄明白。

刻不容缓。

第三章

拜师学艺

怎么学习一门没有被记录在案的语言？

纵观绝大部分人类史，对于大多数人来说，这一问题总是自行就解决了。你身处说着你不懂的语言的人群之中——因为你远嫁他乡，得和你丈夫的宗亲共同生活，或者你被一伙盗匪劫持，或者你的国家被殖民，你被送到一个种植园当契约工，又或者你搬到了一个新地方——你被迫学会了一门新语言。一个音一个音，一个字一个字，一个词组一个词组，你渐渐掌握了，就像一只鹊捡拾细枝、绒毛和鲜亮的东西，希望筑起一个巢。小孩子不费吹灰之力就拾起了一门语言的吉光片羽——把一个三岁的孩子带到一个新的国家，不出几个月她就能自信地说一门新语言。

从另一方面来说，一个成年人通过浸入一个新环境学习一门没有文字记录的语言则要花费更长的时间，常常要很多年。如果你可以有多年时间来学，那也无所谓。然而我不行。1986年回到迦普恩，我知道自己只有十五个月的资助来完成研究。我要在那段时间里学会当地的语言和这个村子的一切。我一到那里，时钟就开始嘀嗒作响。

在我来迦普恩之前，外面的人所了解的关于泰雅博语的一切只是它是一门孤独的小语种。"二战"爆发前几年，一个叫乔治·霍克的德国传教士在迦普恩逗留了几个小时，从村民那里收集了一个简单的词汇列表。一年后他出版了这份列表，特别提到这一语言似乎与任何其他语言都无关。

遍布巴布亚新几内亚的大多数语言被语言学家们称作巴布亚语。它们是世界上最后被探究（多数语言学研究要到1950年代才真正开展），也是最不为人所知的语言。关于它们，我们所知的大部分信息来自传教士，他们研究这些语言的目的是希望向说这些语言的人传播福音，让他们皈依基督教。这些前来迦普恩传教的神父里，没人试图学习泰雅博语。这门语言实在太偏门了，不值得让他们费心劳神。

与神父们不同的是，我待了下来，并决定一探究竟。

18世纪的英国烹饪书作家汉娜·格拉斯在一个罐焖野兔肉菜单的开头这样告诫道："先抓只兔子。"显然，这是编造的。格拉斯从没写过这句话。但它能经久流传或许是因为几个世纪以来，它实际上真的是一个极佳的建议。对任何不能去街角的肉铺买一包野兔肉的人来说依旧如此。

当我开始学泰雅博语的时候，我想到了汉娜·格拉斯的这则菜谱。我首先需要做的就是拜师。事实证明，说起来容易做起来难，部分是因为迦普恩住的并非一群闲人，成天除了坐下来和一个来访的白人嚼点语言残渣就无所事事。村民们卖力劳作。他们每个礼拜总有好几天要穿过到处都是蚊子和水蛭的泥地去雨林里砍伐、拍打和淘洗西米棕榈树做西米粉，这是当地人的主食。女人担柴挑水，一天里要为家人和数量不一的亲戚访客们做一两次饭。从五月到十一月的旱季，女人就在流过雨林的浅溪里捕鱼。男人和女人都会定期打理距离村子一个小时步程的烟草园、香蕉园和芋园。他们还要打理种在园子里的任何经济作物（咖啡、香草豆、可可），往往痴心妄想着有什么买家会来到迦普恩。这样鲜有的情况发生时，村民们就把挣来的钱交给一个要去镇上的人，托他捎一个新蚊帐、电筒或一口铝锅。

为了学说泰雅博语，我不能像一只蜂鸟一样穿梭在一个又一个人之间，然后谁碰巧有空，就从他那里获取关于这门语言的信息。我得找一个愿意跟我一起坐下来更长时间，而不是丢给我几个关于泰雅博语的事实或扔给我几个辈段子的人。我还需要一个表达流利的人。当我 1980 年代中期开始学习泰雅博语的时候，任何二十五岁以上的人都具备这一点。问题是每一个超过二十五岁的人都有农活要干。

不能指望老人了。

1980 年代中期的村子里，老年人屈指可数。在迦普恩或总体来说在巴布亚新几内亚，男男女女很少能活到天命之年。少数几个能撑到七十岁的老家伙会让人肃然起敬，仿若老祖宗一般。事实上，人们称呼他们时，就管他们叫"老祖宗"（皮金语里叫 tumbuna，泰雅博语里叫 apa）。大部分当地人死得早的原因，在发展中国家里很稀松平常：慢性疟疾、脑型疟疾、流感、结核、被毒蛇咬伤，而对于女人来说——尤其是初次分娩的母亲——就是难产。完全缺乏哪怕最基础的医疗条件，加上村民们坚信所有人的离世（包括那些垂垂老矣的七十多岁的老祖宗）都是巫师造成的，因此治疗生病的人的方法就是一边往他身上吐口水，一边轻声反复念起神奇的祷文，然后把钱和猪送给邻村萨内（巫师们都住在那里）的人，求他们解除致命的诅咒。

1986年，当我开始在迦普恩做田野调查的时候，村子里只有一百人。其中，只有七个人超过六十岁。他们分别是：

1）加岩，一个脾气暴躁的老头，长了一对斗鸡眼，村民们都怕他，觉得他是个邪恶的疯子，和萨内的巫师沆瀣一气。加岩的身体会同时朝相反的方向抽搐，说话含混不清。我认为他已经表现出了亨廷顿病的晚期症状，但村民们都坚信他的毛病是他给自己和家人招来的诅咒。1960年代中期的时候，在一次土地纠纷中，他冷血无情地杀害了当时村子的首领。

2）索邦，加岩的胞姐，与加岩的病如出一辙。

3）阿伊拉吉，加岩和索邦的弟弟，大家都觉得他是个蠢蛋。

4）万有，一个体弱的人，从来不离开他那个烟雾缭绕的灰暗的房子——说话时你永远听不见他的声音。

5）阿拉纳，这个老头有一个饱受诟病的癖好，窥视年轻女孩"依然耸立"（也就是小巧玲珑）的胸部，每个人都拿他当傻子。

6）鲁尼，村子的前首领。鲁尼六十岁出头，身材健硕，但弯腰驼背。那个过去肌肉发达的背已经弯得像脊柱侧弯的甲壳，给人的印象就是他背着一个大贝壳在走路。

7）然后就是鲁尼的弟弟拉雅，一个肌肉发达、幽灵一样的老人，饱受结核病之苦。拉雅不时发出含湿痰的咳嗽，这让他一直情绪很糟。他相信自己的疾病是前妻跟着另一个男人跑之前传染给他的。拉雅脾气暴躁，不想和其他人长时间厮混，就命令他的小儿子给他在村外建了一个小小的没有墙的庇护所。白天，他就坐在那里——经常是和阿拉纳一起，他被特许和拉雅在一起——雕刻做工复杂的传统沙漏鼓和神话故事里的先祖。两个人会坐在那个小庇护所的两侧，彼此背对着，弓着身子雕刻手头的东西，表情都像在暗自较劲。他们也会聊天，只是偶尔，话也很简短，说的是科帕语，阿拉纳出生的那个村子的语言。每当有孩子正好路过，打扰了他的清静，拉雅就会冲他们大骂脏话，大体和谐的一幕就会被打破——这时常发生，因为拉雅的庇护所就离村民进出村子的主路不远（拉雅不喜欢任何人，但他想让自己消息灵通）。

面对这一有限的人选，我觉得别无选择。加岩和索邦说话含混不清，如果我要弄清楚组成泰雅博语的语音，这俩人就不合适。万有虚弱的声音就像蒸汽从深不可测的裂缝底下渗出来似的，我从来都听不清他在说什么。阿伊拉吉和阿拉纳，尽管这两个人就像友好的老伙计，但实在是有点笨。

只剩鲁尼和他那暴脾气的弟弟拉雅了。

不管是在体貌还是脾性上，兄弟俩截然不同，以至于直到今天我都怀疑他俩到底是不是同一个爹生的。鲁尼比他弟弟矮，但这一印象可能是因为他有明显的驼背。他有一张温柔和善的脸，左眼的乳白色内障就像霉菌一样，这一颜色与他的银发寸头相得益彰。他还有一个鹰钩鼻，隔膜间穿了一个大洞——是多年前的仪式留下的，本意是穿上一个削下来的鹤鸵股骨做成的粗织针一样的装饰。鲁尼的耳朵也打了洞，他有时还把下垂的穿孔当成临时容器，插抽了一半的烟或槟榔叶。像其他村民一样，鲁尼也有一双大手和大脚，因为布满伴随一生的老茧而厚实膨胀。当听别人说话时，他的默认表情是一脸惊讶，这时他的脸会彻底放松，让他的嘴微微张开。

拉雅看着比鲁尼还老得多。1980年代中期的时候，他大概不到六十岁，但看上去已经老态龙钟了。他骨瘦如柴，头发几乎全白。拉雅脸上的皮肤薄到连里面的骨骼形状都清晰可见：他的颧骨和眼球上的眼脊就像是脸上的骨状凸起。拉雅没有眼睫毛和眉毛，他的眼周有一个褪色的浣熊一样的文身，让他的眼睛看着就像两颗又小又黑的珠子，从来都不眨一下。他的鼻子又宽又长，弯得就像他花好几天时间刻的传统木雕。

跟我在一起，以及谈到过去和白人的交往时，鲁尼更谦逊，甚至可以说有点谄媚，而拉雅则有点傲慢。拉雅津津乐道于他怎样冲那些"二战"后来访迦普恩的澳大利亚巡逻官大吼大叫，以及1950年代在偏远的莱镇当契约工时，他怎样反抗那些让他不爽的白人监工。他毫不犹豫地告诉我，我似乎懂的不多。看到我浑身湿透、满身是泥地回到村子，他通常都会令人不自在地盯着我，想着我一定又在那个进出村子的又湿又滑的桥上滑倒了。难不成我连走路都走不好？

在表达这些批评时，拉雅那张没有牙齿的嘴里面时常含着一大块槟榔让他发出粗哑的呼哧呼哧的声音。他的网兜里随身带着一个自制的小木臼，他总是小心地用杵在臼里砸碎槟榔，然后塞进嘴里。

与天真且轻信的鲁尼不同，拉雅多疑。他用一双耷拉的眼睛和看不见嘴唇的愠怒神色看着别人。他让我想到一种爬行动物。一种猛禽。他震慑了我，让我害怕。

由于只能在天真的哥哥和令人生畏的弟弟间做选择，一开始我试图找鲁尼来教我泰雅博语。他答应了，但没上几堂入门课，我就意识到鲁尼很难在我试图让他聚焦的细枝末节上集中。他把我想要学习泰雅博语的意图理解为想听村民的古老神话。每次我努力让他给我一个动词范式——告诉我怎么表达"我吃了""你吃了""我会吃的""她在吃""他们会吃的"诸如此类——鲁尼都会想到一个史诗故事，然后满腔热情地滔滔不绝，留下我一脸不解和沮丧地坐在那里，直到他笑容可掬地结束，心满意足地觉得向我传授了这么多泰雅博语的知识。

像这样耐心地坐下来几次后，我硬着头皮，战战兢兢地接近拉雅。他气势汹汹地答应帮我，但直到他挖苦地疑惑，为什么过了这么久我才想起找他，他才真正帮我。他向我表明，毕竟他是这个村子里唯一一个重大事件记录者。他冲我挥着一副黑框圆形阅读用眼镜，意味深长地说，这是过去一个来访的神父送给他的。他还有一支钢笔。一本书。拉雅指的那本"书"实际上就是一堆撕下来的纸，还有1970年代末到1990年代中期邻村的一所学校里的小学生用过的发霉的练习册。但他在这些纸上记录下了重要的事件，比如吃丧饭时村民给了别人几头猪以及老村民去世的日子。

没想到拉雅其实是一个极其敏锐专注的语言老师。和他几乎朝夕相处也增加了我俩之间的认识。但拉雅从没停止过对我的批评。他从来没停止过讽刺我对这个世界所知甚少，但他的语气最终还是软了下来，安慰自己说，我太年轻了，所以我的祖国的"大人"没有把所有的人生秘密告诉我。有几回我难得花一整个上午准备一顿我认为颇有异域情调的午饭，但不管我放什么在他面前的地板上，他必然会损我一顿，说什么这菜太酸了，不是给人吃的（他指的是我加了特别花两天时间从镇上弄来的珍贵洋葱的炖蔬菜）。有一次我做了意大利面条，他吓得脸色发白，说这玩意儿看上去像虫子，还把碟子递给一个经过的孩子，结果那孩子一脸嫌弃地把面条给了当时刚巧路过正在抽鼻子的一头大猪。（"但你们吃生的西米幼虫，"我记得我恼怒地想，"还有小甲虫！像虫子又怎么了？更何况那又不是虫子！"）

1980年代中期，在迦普恩的那十五个月里，我不知道花了多少时间和拉雅坐在他那不太结实的小茅屋里，有时练习泰雅博语，但经常只是在玩耍，和他还有阿拉纳扯闲篇，看着他们做木工，听他们讲讲人生故事以及他们对乡亲们评头论足。我开始回味拉雅那粗糙的风趣和常带偏见的眼睛。他告诉我他在战前的迦普恩长大的故事，他在莱镇做契约工时的事情，以及所有从他的曾祖父一直到我1985年第一次来之间发生的事情，这些故事既生动又有丰盈的细节。拉雅还是个消息灵通、热心肠、爱讲闲话的八卦大王，这对一个人类学家来说简直像撞上了宝矿。此外，每当拉雅觉得得有人把世界上的事讲给我听时，他就自己承担了这个任务，他会冷冷地向我解释，为何白人有飞机、舷外马达、汽车以及其他的"货物"，但深色皮肤的巴布亚新几内亚人却没有；为什么巴布亚新几内亚人最终都会到罗马，他们到了那里之后又会发生什么。

1987年，我离开迦普恩回到瑞典后不久，拉雅就去世了，我再也没有见过他。在我的人生中，能让我时常想起、最最思念的人为数不多，而他就是其中一个。我想念他那刺耳的声音，干涩的笑声，他对我笨手笨脚在村子里走来走去的毒舌评论，还有他对村民们如何思考自己在世间位置的尖酸刻薄又不失风趣的观察。村民认为有一天他们会变的，拉雅认为这样的想法可能是错误的，他是迦普恩唯一一个向我表达类似疑虑的人。在我俩相处的后期，有一次，他向我提到1950年代，他和一个年轻白人男子那场难忘的相遇，当时那个人在塞皮克河上一个叫安戈拉姆的小镇旅行。他告诉拉雅，巴布亚新几内亚人被传教士们骗了。他说，村民们不用看轻自己的传统习俗，非基督教与基督教的思维方式、黑皮肤和白皮肤并无优劣之分。

这位不知姓名的白人男子说的话就是我想说的，只不过我从来没有站出来告诉他们传教士骗了他们。当然我也无从得知过去来迦普恩的传教士们向村民们传播了什么（但我的确知道村民们会如何解读传教士的话，这才真正令人心碎）。但大多数时候，我在迦普恩是为了弄清楚村民们相信什么。我不是布道者也不是政客，不是来力图贬低他们对世界的理解，并将其改造成我的观点。当他们直接问我的时候，我就会向他们表明，他们对于那些国家的理解，其实不代表那些生活在那里的人的理解。但我那郑重其事的声明似乎每每都被他们置若罔闻。老拉雅的耳朵还很敏锐，显然没有那么聋。让我触动的是，我发现原来多年来他都在静静思考那个陌生白人的告诫。

"你怎么看那个人说的话？"我轻声问他，"你觉得他说得对吗？"

听到拉雅的回答，我心碎了。

他垂下眼帘，低着头。"我希望那不是真的。"他轻声回答。

我不知道我最后逗留的那段日子里，拉雅是怎么看待我的。我从来没有问过他，他也从来没有主动提起过。但我知道：我离开村子回家的那天，那是一个燠热的六月早晨，村子里的父老乡亲都来向我道别，唯独不见拉雅。这个一向在村子里寸步不离的人突然间没了踪影。我担心拉雅是不是生病了，或者更糟糕的是，我会不会无意间做了惹他生气或冒犯了他的事。后来许多个想起他的不眠之夜里，我都百思不得其解，那天他到底发生了什么，但我也的确无从得知，因为热带雨林的中间地带不在巴布亚新几内亚的邮递业务之内。即便能送达，我也无法在信里问起这个问题。在迦普恩，写信是为了索求什么东西，而不是讲述什么事情。

四年后，当我重返村子时，我做的第一件事就是寻找拉雅的儿子，那时他已经是一个二十来岁的小伙子了，我问他是否还记得我离开那天他父亲发生了什么。

"我记得，"他说，"爸爸在蚊帐里。他躲了起来。我跟他说你要走了，你想跟他说再见，但他说不要。他跟我说：'我不能见萨拉奇。我一直在哭。'"

拉雅和我会坐在他那间小小的露天茅草屋的地板上，我会没完没了地问他关于泰雅博语的事情。一开始，我试图确定哪些音节组成了这门语言对应的音素系统。每一种语言都会有限并特别地利用人类所能发出的所有声音。世界上有的语言在这方面很慷慨（有一种叫 !Xóõ 的非洲语言有一百一十二个对比音或音位），有的语言则更朴素（巴布亚新几内亚的布干维尔岛上的罗托卡特语只有十二个对比音）。

英语有四十个音位。比如英语区分 s 和 z（因此"sip"和"zip"意味着两种不同的事物）。泰雅博语里的对比音是什么？这门语言也区分长元音和短元音吗？它有一些不寻常的音，比如喉塞音吗？它有音调吗（老天保佑千万不要）？我得把所有这些找出来，唯一的办法就是问一个人一连串无聊问题。

首先，我会引出一个单音节的词，比如 nam，我发现这个词的意思是"说话"。继而我会打开我的笔记本，开始列一个单子。"num 有什么意思吗？"我会问，钢笔准备好记录。"是吗？是'村庄'的意思？明白了。""好的。那 nom 呢？野芋的意思？棒，我们继续。nim 呢？有什么意思吗？ nem 呢？"诸如此类。

事实证明，就组成的语音来说，泰雅博语不是一种特别复杂的语言。它没有音调或喉塞音，又或者任何其他对说英语的人来说无法识别和发出的音或对比音位。它也没有英语中存在的某些区分，比如，泰雅博语（就像大多数巴布亚的语言一样）不区分 r 和 l，哪个发音都可以。

但泰雅博语有两个音是英语的字母表里所没有的。结果就是，书写这一语言时，我得借助音位符号来指代。这两个音是元音 ɨ，发音像"urn"里的 u，以及辅音 ŋ，就是"sing"里 ng 这个音的音标。泰雅博语有很多词以 ŋ 打头，包括第一人称代词"I"和第一人称所有格"mine"。在泰雅博语里，这些词是 ŋa（"I"）和 ŋaŋan（"mine"）。

搞清楚了这门语言的基础语音体系后，我就继续抛出不同领域的词汇：你们的"妈妈"怎么说？"爸爸"呢？"姐姐"？"哥哥"？"女儿"？"儿子"？还有食物："西米"你们怎么说？"香蕉"？"椰子"？"你们今天早上给我吃的那种煮熟的虫子怎么说？"

所幸的是，我无须在单语的情况下学习泰雅博语，换句话说，我不需要通过泰雅博语来学习泰雅博语。不然的话永远都学不完了。我和村民们用皮金语沟通，所以我可以用这门语言问他们问题："泰雅博语里怎么说'X'？"这样就显著加快了我掌握这一语言的速度，然而皮金语的问题是，作为一种历史不长的洋泾浜语言，它的词汇量不够大。因此，像 gutpela（字面意思是"好"）可以覆盖所有从"好"到"棒极了"之间的词，包括"漂亮""高兴""美味""做得好""健康""平静"等。mekim（字面意思是"做某件事情"）可以表示"制作""做""促使发生""完成""行动"和"迫使"以及其他的意思。brukim 的意思是"打破某样东西"，但也可以用来表示"折叠""撕""弯曲""分开"，以及"揭示""穿过"和"抄近路"。

当一个人说话的时候，这种一词多义也算不上什么大问题，因为大部分词汇在某个语境下的意思是明显的。如果我在月亮升起之前上床睡觉，然后第二天问一个村民前一天夜里的月亮是不是 gutpela 的，显然我的提问和月亮是不是美味或快乐无关，我想知道的是月亮是不是圆的。然而，在语言入门课里，由于皮金语里许多词有很广泛的意思，这就很难明确到底指什么。譬如，很难在月亮是圆的和月亮是漂亮的、迷人的、浪漫的、抓人的、如画的、庄严的、戏剧的、诗意的等等之间作出区分，因为所有这些词在皮金语里都用 gutpela 表达。

几个月下来，我渐渐从单音词进展到了词汇项，比如食物名称和亲属称谓，我开始发现是什么让泰雅博语如此独特。

泰雅博语和周遭语言的最显著区别就是它的词汇。对比一下塞皮克河下游也就是迦普恩所在地方的几种语言就会发现，泰雅博语和迦普恩邻村的语言有多大的差异。[1]

	伊马斯语	安戈拉姆语	姆立克语	泰雅博语
一	mba-	mbia	abe	**nambar**
二	-rpal	-(li) par	kompari	**sene**
三	-ramnaw	-elim	kerongo	**manaw**
男性/雄性	panmal	pondo	puin	**munje**
星星	awak	arenjo	moai	**ŋgudum**
虱子	nam	nam	iran	**pakind**
眼睛	tuŋguriŋ	tambli	nabrin	**ŋgino**
耳朵	kwandumiŋ	kwandum	karekep	**neke**
树	yan	lor	yarar	**nim**
明天	nariŋ	nakimin	ŋariŋ	**epi**
蛇	wakin	paruŋ	wakin	**aram**
蚊子	naŋgun	wawarin	nauk	**at**

　　除了独特的词汇，泰雅博语区别于所有其他周边地区语言的地方还在于它标记性别的方式。每当村民们谈起他们的语言，他们会向任何感兴趣的人快乐地提到一个有趣的事实，即泰雅博语"被分成了两半，一半是女人的语言，另一半是男人的语言"。村里的人耐心解释，如果你想和女人说话，你就得使用"女人的语言"；如果你想要和男人说话，你就得使用"男人的语言"。

　　当他们这么说的时候，村民们指的是一个不及物动词的祈使语形式会根据说话对象是男性还是女性采取不同的结尾。换句话说，不跟对象的动词的命令形式（比如"去！""来！""说！""看！"）会根据说话对象的性别不同而不同。

---

[1] 这个表格改写自威廉·福雷《巴布亚新几内亚语言》（剑桥：剑桥大学出版社，1986年版），第215页。

男性说话对象	o-tet（"你走！"）	muŋgo-tet（"你起来！"）	pruk-tet（"你干活！"）
女性说话对象	o-tak（"你走！"）	muŋgo-tak（"你起来！"）	pruk-tak（"你干活！"）

　　这两种形式的差别并不复杂：当你要命令一个男孩或男人的时候，只需要在动词原形后面加 -tet，如果要命令一个女孩或女人做什么事的时候，就加 -tak。尽管如此，村民们描述这一语法特征时的戏剧化方式——你得用特定的"语言"和男人、女人对话——仿佛让整个泰雅博语"裂成了两半"。村民们谈到他们的语言时，一个没有被说出来的含义是，即便像名词这样的表达也男女有别，不管你说什么，都要掌握这两种形式。

　　迦普恩以外的人听到迦普恩村民这样描述泰雅博语时，总是会报以理解的惊愕，免不了会错愕地大摇其头，原来一门人类语言可以如此复杂。

　　尽管泰雅博语标记性别的方式要比村民承认的容易得多，我很快就发现，没人注意到这门语言还有另一个特点，就是极其复杂缠绕。这一特点就是泰雅博语的造词法。

　　语言学家描述一门语言时，看的一个基本事项就是词语是怎么构造的。词汇构成的方式被称为词态学，词的构成要素就是词素。词素的一个例子，是"dogs"或"houses"里的 -s。这个 -s 就是复数的词素。说话者可以开玩笑地或诗意地把词切分，然后创造性地用词素来形成新的词。近年来，英语使用者已经发现了像 -gasm 和 -zilla 这样的词素，可以用来创建新词，比如"shoegasm"和"bridezilla"。[1]

---

[1] shoegasm 是由 shoe（鞋）和 orgasm（性高潮）合成的新词，意思是通过买鞋、穿鞋或仅仅看一眼鞋就能获得性快感，达到性高潮。bridezilla 是由 bride（新娘）和 godzilla（哥斯拉）合成的新词，意思是一个平日里以淑女形象示人的新娘在婚礼临近时变得暴躁不安，神经兮兮，担心自己的婚礼一团糟。——译者注

世界上的语言依照词态学之复杂程度有千差万别。像中文和越南文等语言的词态学就非常简单。这些语言里没有词尾,多数词汇是分离的词素:所以说"dogs"的时候,你说"很多""狗";说"ate",你说成"已经""吃过"。这些语言被称为孤立语,因为一个词的形态永远不会改变。

位于复杂程度光谱另一端的是那些被称为综合语的语言。这类语言存在于世界各地,但最复杂的要属像拉科塔语这样的印第安人语言。任何看过好莱坞西部片的人都能在印第安人名字的翻译里看出综合语。比如,"疯马"(Crazy Horse)和"坐牛"(Sitting Bull)这两个有名的勇士是拉科塔语词的英语化,意思分别是"他的-马-是-疯的"(tȟašúŋkewitkó)和"坐下来的-水牛-公牛"(tȟatȟáŋkaíyotaŋka)。

"他的-马-是-疯的"和"坐下来的-水牛-公牛"这样的名字表明,一门高度综合的语言里的单个词可以对应英语里的整个句子。高度综合的语言通过表示人、数字、性别、方向等事物的词素来造词,并通过词尾变化来指称诸如时态、时长和情态(一个专业术语,指的是一门语言在语法上编码一个说话者对一个表达的态度,在英语里通过"can""will"和"must"这样的动词来表达)。

泰雅博语像这些语言一样是综合语,甚至和其他巴布亚新几内亚语(其词态学通常很复杂)相比较,也是复杂的。泰雅博语可以把不同的词素结合在一起创造出复杂的新词。在泰雅博语里,没有一个词素可以作为单词存在(就像 -s、-gasm 或 -zilla 在英语里也不是词)。一个例子是"她想肩膀上背着他下去"(She intends to carry him down on her shoulders)。英语需要一个整句来表达这一行为,而泰雅博语用一个单词就能做到。

这个词就是 tapratkiŋiatikitakana。这个词由下列元素组成:

tapr-	-at-	-ki-	-ŋgi-	-ati-ki-tak-ana
动词原形 tap-"扛在肩膀上"和 /r/ 插入词位界	宾语词素，只和未完结动词一起出现，变形为"他"	依赖动词词根 ki-"带"，只和运动动词一起出现	宾语词素，和依赖动词一起使用，变形为"他"	依赖运动动词 atiki-"下去"，以将来意向语气变形为"她"

照字面翻译，这个词的意思是"扛－他－在－肩膀上－带－他－下－去－她－想－去－做"。

也许在意料之中，我花了很长时间才弄清楚这一点。几个月里，我都在艰难地分解我从拉雅和其他人那里收集到的动词，想弄明白哪个部分是哪个，为什么这些形式会这样变化。为什么"她来了"是 wokara，但"她会来"是 aikitak？这些词里哪部分是动词？pokun 和 poiatan 这两个动词的区别是什么？村里人坚持说这两个词都表示有人刺了一只猪。为什么有的人用 akri 表达"我本来会吃的"，而其他人用 akkun 来表达同一件事情？

我不知花了多少时间仔细研究我和拉雅上课、和鲁尼及其他更老的村民聊天时做的笔记。我还梳理了我每周几天记录的母亲和照看孩子的人跟孩子说话的录音。我做了单子，画了图表，设计了表格，写出了识字卡。我的笔记本密密麻麻都是下划线、箭头、圈圈和打叉的标记，环绕着诸如"奇怪""时态标记？""反事实？""为什么有的动词有三个'他们'的形式？""这是什么？""再核对一遍""为什么会有这么诡异的例外？""我没听错吧？"之类的批注。

最终我基本理解了是什么让泰雅博语成为一门独特语言。尽管在这门语言上花了三十年，在村子里待了这么多个月，我从来没有学会说这门语言。就像我 1980 年代研究的那些孩子一样，我在这上面的语言能力非常被动。我能听懂人们说的大部分，但也像那些孩子（如今也是成年人）一样，从来用不着说太多——除了有外村的人来访迦

第三章 拜师学艺

普恩的时候。不可避免，村民们完全不理会我的反对，坚决把我当成一只训练有素的鹦鹉一样拿出去示众，这让我很恼火。他们乐此不疲地炫耀他们的白人住客，也乐见我可以用泰雅博语回应命令，说上几句口头禅，让他们那些很容易就被唬到的客人们赞叹连连。

在我们几个月的辅导课上，拉雅和我发生了很多误会。当我问怎么说"我的三只眼睛"（来测试名词性物主代词和名词在跟其他形容词一起出现时是否会发生变化）这样的无意义词组时，他就大为光火。一个反复出现的误会集中在一个事实，我能造出他还没教我的句子。阅读自己的笔记时，我越来越能预测出一个特定的动词形式，有时——想着我能加快启蒙课的进度，同时向拉雅炫耀我其实已经学到了什么东西——我会告诉他我想要的动词形式，而不是问他。这总是让他感到不爽。

"你是怎么知道这个的？"他会不以为然地说，"我还没告诉过你。"

一个特别难忘的误会发生在一个下午，当时我正试图弄清楚"送"这个动词的准确形式。这个动词似乎和我几个月来琢磨的模式都不匹配。像其他泰雅博语动词，它显然改了词尾形式来意指不同的时态。（所以像"切"这个动词过去时是 pu，将来时是 wu；"吃"的过去时是 ka 或 o，将来时是 a，诸如此类。）

但当我问他怎么把"他昨天把猪送到了萨内"和"他明天会把猪送到萨内"翻译成泰雅博语时，我无法理解他的话。我认为将来时我懂，是 mbudji。但我就是听不清过去时，不论拉雅重复了多少遍。听上去和 mbudji 同音，可这完全说不通。

我让拉雅休息一下。他在他的小木臼里捣碎了一个槟榔，把一堆槟榔渣倒进了嘴里。我翻着我的笔记。突然，我想到了那一动词形式一定是这个。

"'送猪'是mbuspikun吗？"我问他，"'送'是mbus吗？"

"对。"拉雅回答。停顿片刻，他酸溜溜地补了一句："对你来说很容易说。你有牙齿。"

回答我关于动词变格的问题——我被要求机械背诵，一个接一个：我走，你走，他走，她走，我们走，我们两个走……（泰雅博语是：ŋa mbot, yu mbot, ŋi mbot, ŋgu wok, yim wok, yim sene woke...）——是单调枯燥的。迟早，最有热情的语言老师也会被催眠得目光呆滞，恍若梦游。或许这也是为什么拉雅有时候会主导我们的课程，无视我的问题，而不是告诉我他认为我应该知道什么。不幸的是，他的大部分此类尝试都没什么效果，因为我实在听不懂他在说什么。有一次，他指导我说（我后来明白了）："他走了，完全走了——他不会回来了。"

我不明白他为什么突然搞得这么晦涩啰唆，我只是问他用泰雅博语怎么说"不要走"。

看到我一脸疑惑的样子，拉雅不耐烦地哼了一声。他把右手搭在地板上。"你看着。"他说。

"这是你写下来的大话（big talk）。"他用空的那只手抓住自己的手臂。拉雅的那只手沿着手臂滑下来到他起皱的得关节炎的手指上，他的手指就像蜘蛛的腿张开在地板上。"但所有这些小话（little talk），"他说，抚摸着手指，"你还没有掌握。你还不懂。"

"但我不是那样学语言的，"我表示反对，"我是按相反的方式学语言。我从小话开始，然后慢慢过渡到大话。"

拉雅和我在这个问题上互不理睬。我说的"小话"指的是，我从语言最小的构成要素，它的语音系统开始，然后过渡到"大话"

（词、句）。

把语言看成一个没有血肉的系统，看成语法，这对拉雅来说是陌生的。对他来说，"小话"是语言的核心。你也许知道一些"大话"——像怎么说"我走，你走，他走，她走"等，但如果你不能把正确的词用在正确的语境里，你就是一个十足的蠢货。你能无误地掌握像"走"这样的动词的变化形式并不重要。如果你不知道怎么命令一个孩子去给你拿一截燃着的木头点烟——或者你不知道当你指的是一个已经去世的人时，你应该说"他走了，完全走了。他不会回来了"——那你就是在废话连篇。

拉雅当然是对的。多年后，我和拉雅的语言入门课已经成为褪色的记忆，我终于出版了一本泰雅博语的语法书。那是本大部头：这本书五百多页，相当于精心搭建的一副化石骨架。就像陈列雷龙骨架的博物馆，我的语法书展示的是泰雅博语的架构。它展现的是这门语言让人惊叹的结构，会让人想到它曾经拥有的呼吸和移动的强大力量。但我的语法就像其他语言一样，缺少一个关键特征，也就是拉雅提到的"小话"的重要性：没有生命的语法。它缺少一门语言的内脏。它缺少它的神经，缺少它的唾液、它的火花。当一门语言死亡了，所有这一切都随之远去了。

譬如，拉雅去世的时候，泰雅博语心脏的重要一块就永远停止了跳动。

第四章

摩西的计划

Moses's Plan

　　就像近年来大多数毁灭一样，这个村子的毁灭肇始于一场酗酒。

　　提出计划的摩西早有准备。他花了一天酿了几箱"白汤"，这款酒实际上不白，也不是汤。那就是一款廉价的丛林酒，颜色发黄，味道像面包。摩西和其他村民几年前获悉了酿白汤的知识。他们是从摩西的一个表哥卡克那里得到方子的，那人去塞皮克河沿岸的一个村子时结识了一个在巴布亚新几内亚军队里服过役的人，带回了这个方子。这个国家与试图分离独立的布干维尔岛省有过一场长达十年（1988—1998年）的内战。战争结束后，那人身无分文地回到了村子里。他成天就从其他男人那里骗点香烟和槟榔，作为回报，他就跟他们吹牛说自己和同伴强奸过不计其数的女人，还会用椰子造酒。

白汤的方子就是每加仑椰子水加两磅糖,以及 9—12 匙酵母菌。摩西造酒时几乎用了两倍的酵母,完全不在乎最终的味道又酸又臭。他想发酵得快,酿得猛。

摩西是村子的 komiti——这一头衔来自英语里的 committee,但在皮金语里,这个指的不是一群人,而是单个人,也就是村里选出来的头领。每隔五年,在全副武装的警察陪伴下,政府官员会出现在村子里,短暂地待上一个上午。他们分发选票,然后匆匆忙忙地回收,村民们会在上面标上自己中意的省议会和全国议会的成员,全国议会位于遥远的首都莫尔兹比港。这个时候,村民们还要投票选举 kaunsil(英语里的 council),即一个领导此地(三个村子,迦普恩是其中一个)的人和一个 komiti。

komiti 和 kaunsil 一样,没有实权。两个职位都是从澳大利亚殖民当局(1914—1975 年)那里沿袭下来的,当时巡逻官会指定某个人来当某个村的领导人,基本上每当村民们做了什么让官员不喜欢的事情,这个人就会被问责。今天,殖民当局已经成为遥远的褪色的记忆,kaunsil 和 komiti 无须再听命于什么巡逻官,可以随心所欲。

没人真的知道 kaunsil 是干什么的,也没人看到哪个被选到这个位子上的人干了什么实事。但大家总体上觉得一个 komiti 应该领导和组织大家干农活,比如修剪长得过于茂盛的小路上的草,或重修暴雨后被冲走的桥。komiti 是否真的做了这些则因人而异。在迦普恩的那些年里,komiti 办公室来来去去的男人(永远是男人)有好斗的、一意孤行的、定期敲锣打鼓呵斥村民们去集体劳动的,也有"口风很紧"(mauspas)的(村民们厌倦了咄咄逼人的 komiti 后,通常就会把这样的人选上去),五年任期一事无成的。

摩西属于好战的、咄咄逼人的那一类 komiti。他四十岁出头,就像迦普恩每个人一样瘦而结实,但身高大约五英尺四英寸,比村里大多数人高出几英寸。他还自认为自己比每个人的智商高出几档，因为他是村里同代人中唯一一个过了小学六年级考试，然后离开当地去省城韦瓦克上中学的。他上了一年半就辍学了，因为父母不给他寄学费了。八年级辍学后，摩西飘荡了几年，靠着城里遇到的人的施舍过活，然后在韦瓦克外的一个椰子园做工。

到了 1980 年代末，摩西在玛利恩堡一个天主教传教站待了四年。一个驻在那儿的匈牙利神父觉得他长得精神，脑瓜聪明，就收了他做私仆。神父让摩西陪着一起去他教区的各个塞皮克河沿岸村子。他还叫摩西脱光衣服，满月时用一根橡胶管鞭打他——神父说，那个时候他对于女人的欲望（可不是么）最旺盛，但苦于无法获得，因为他是上帝之子。

匈牙利神父被派驻其他地方后，摩西娶了塞皮克河沿岸村子的女人，带她一起回了迦普恩。

1990 年代初期回到村子后不久，摩西无意中听到的一句评论惹火了他。邻村萨内——"大肚子"翁佳尼和其他当地巫师们的老巢——的男人在迦普恩男人背后窃笑，管他们叫 bus kanakas——皮金语里的一个贬义词，一句过去殖民时代的骂人话，意思是"不文明的野蛮人"。

摩西偶然听到一群萨内男人嘲讽迦普恩人是瘦骨嶙峋的、愚蠢的 bus kanakas，不了解外面世界的风云变幻。这一侮辱伤到了他。作为村上唯一一个读过八年书，而且和一个白人神父有过亲密接触的人，摩西认为他有责任向萨内的男人证明他们是错的。

摩西一个人坐着，面前是从旧笔记本抢救回来的潮湿纸张，被蚂蚁啃噬过。笔记本是村上的一个孩子从一个小学里偷来的，上面还有红色和黑色的标记。这个小学直到 1990 年代还存在，在两小时步程的另一个村子里。摩西在上面画了一个地图。这个地图彻底重新想象了迦普恩。

摩西绘制的本地地图上，迦普恩由一堆大小不一、面朝各个方向的房子组成，一小簇一小簇地组合在一起。这一簇簇房子被窄窄的小路隔开，环绕着椰子树和槟榔树，因此村民很容易得到每日赖以维生的主食。路旁还有各种果树：芒果、刺果番荔枝和捞捞树（laulaus），除了能提供吃的，还能提供无情的热带烈阳下难得的一片绿荫。

在摩西的计划里，所有这一切都不能要。村子那种随意有机的布局得由"秩序"来管理。在他的课本里，摩西见过澳大利亚郊区整齐划一的图片，一模一样的房屋井井有条地排成一排。他还听说这种小区有一个名字："现代生活"。

摩西的计划就是把现代生活带到迦普恩。这就需要铲平现在的村子，从头建设一个新的。首先，所有的树得砍掉。然后每户人家都会被分配到"一栋房子"，他计算出来是 29×16 平方米。这些房子会面对面排成两排，被一条大路隔开，这条路会穿过村子的中心。每个房子的面积一样，都面朝着路。之前房子间的互通空间会被巴豆植物隔开，这种植物长得快，就像密不透风的围栏把每栋房子包围起来。

这种对村子的彻底重新设计并非仅仅出自摩西个人的审美偏好。它是村民信仰的表达，我在迦普恩期间，听到过多次这样的说法，形式先于功能。摩西深信，一旦所有的房屋有序排列，一旦所有的房子被巴豆树围栏隔开，一旦所有的椰子树和果树都被砍掉，造出一条像机场跑道一样贯穿村子中心的路——换句话说，一旦这个村子被改造成他想象的白人郊区的样子——剩下的，追寻已久的改变终将到来。汽车会有的；水和电会通进每家每户；村子里会出现一个购物中心；死去的人会从墓地里复活，带给他们无穷无尽的金钱；村民们会摇身一变，瞬间变白。

那样就能给那些爱挑事儿的萨内人看看，到底谁才是愚蠢的 bus kanakas。

摩西的地图是在 1990 年代画的，但他藏了起来，等待时机。选上 komiti 后，他就利用这一平台经常向村民们大讲特讲变革的必要。他不会错过任何提醒他们的机会：他上过八年学，因此比他们懂得多。他神秘兮兮地暗示说，和他在一起很久的那个匈牙利神父给过他一本"小册子"，村民们孜孜以求、而他也迫不及待的改变，都在这本秘籍里。他还开始提到他的计划，告诉村民们创造现代生活的时机到了。

村民们对于摩西的苦口婆心作出的回应，就像别人这么慷慨激昂劝说他们时所做的：什么都不做。他们会听听，不痛不痒地惋惜一下村子还在等待变革，然后慢悠悠地回到自己的房子里嚼槟榔或准备加工西米粉。大部分时候是周一，天刚亮他就敲锣打鼓地召集大家集体劳动，至少有一些人会听从摩西的招募。但他那些铲平村子建一个新的之类的话都被当成了耳边风。

然后意想不到的事情发生了。

有一天一个来自沿海村子瓦当的男人来到了迦普恩，带了一封信，是一封邀请函，用官方信笺打印的，信里鼓励村子的头领送六个人到瓦当参加一个课程。这个课程由一个叫艾尔蒂·艾兰（即 Healthy Island，健康岛屿）的非政府组织开设。

我后来在网上查了一下这个名字，发现"健康岛屿"是世界卫生组织的一项倡议，旨在推动太平洋国家的公共卫生事业。它的目标是为现有的卫生系统提供支持，减少如结核在内的传染病和非传染性疾病的传播，尤其是糖尿病。

这些崇高的理想下沉到巴布亚新几内亚教会那些受雇于国家卫

生部的低收入工人那里时就变质了，变成了夸夸其谈的劝告，让他们把树砍掉。在瓦当参加这门课程的村民被告知，当地尤其是孩子们的杀手疾病的源头就是树：降水在叶间和树根聚集，这有利于蚊子的繁殖。因此，为了让每个村都成为一座"健康岛屿"，就得把树砍掉。这一非政府组织递给来瓦当的村民们一本书，书的封面照片向他们展示了一个理想的健康村庄是什么样的。

这张照片是一个整洁的村庄，由千篇一律的盒子一样的房屋组成，下面是一个没有树的像高尔夫球场的地方。

作为村子的头领，摩西是去瓦当参加课程的六人团中的一个。他发现一个健康的村庄跟他设想的如出一辙：一个没有树的地方，村子孤零零地矗立在一大片修剪整齐的草坪中央。由一个不知道从哪儿冒出来的非政府组织传达的这一信息不只是巧合。这是一个预兆。

艾尔蒂·艾兰的课程在一个周六结束，摩西当天夜里就回到了迦普恩，带了四个塑料罐的干酵母和四十磅白糖，都是他让妻子从瓦当的亲戚那里赊账买回来的。周日，他悄悄地掺了几箱白汤出来。

周一，他蓄势待发。

摩西敲着鼓把村民们叫起来开会时，夜的黑已经退去，透出了破晓时分的天光。就在村民们优哉游哉地走到村子的尽头，也就是周一早上开例会的地方时，他们听到摩西已经在喊了。时机已到，他大吼着，声音洪亮。现在是带来变革的时候了。不是明天，不是下周，也不是明年。就是现在。他参加的瓦当的那个课程就是证据。村民们得走出黑暗。"现代生活"一定要来到迦普恩。

摩西语速很快，说个不停，语带谴责的口吻。非政府组织课程的工作人员刚告诉他的，他已经跟村民们说了好几年。因此他摩西是对的，村民们是错的！他们懒！他们原始！他们是撒旦！摩西坐在村民的屋里，一个人大吼大叫，自以为是义愤填膺地谴责。

摩西这一活塞式的劝告没用多少时间就达到了预想的效果。他的弟弟拉法尔，村子里做祈祷的领头人，一把抓起斧子，跑到了他屋子旁边的一株槟榔树旁。一棵又一棵，优雅修长的树倒在了地上。拉法尔冲那些一脸错愕地干站着看的年轻人大吼，让他们帮他砍掉余下的树。他哥哥和几个表兄弟回到自己家里拿了斧子回来，开始砍拉法尔屋前的椰子树。摩西一直在冲他们吼叫，让他们听从自己的计划，叫嚣着"现代生活"终于要降临雨林深处的迦普恩，他们此刻就要让这一切兑现。

拉法尔家门前所有的树都被砍掉的时候，年轻人们已经陷入一种狂热。他们高兴地欢呼着，一路上对着所有的树乱砍滥伐。槟榔树不断倒下，芒果树跌落在地上，大型椰子树战栗着，倒了下来。

男人们还在继续，一路砍到进村那条路的三分之一。但他们被人叫停了。

六十五岁的萨梅克两脚叉开站在一棵长在他家旁边的槟榔树前，挥舞着一把割草的长刀。"这是谁家的树？！"他大喊，"是你家的吗？！你种的吗？！这是我的槟榔树！我的椰子树！我的老爹给我和我的崽还有他们的崽种的！你不能砍掉！"

战斗爆发。拉法尔诅咒萨梅克，冲他吼正因为他这样的老古董，村子才没有什么起色。萨梅克的儿子亚伯兰，一个肌肉发达的男人，素有金刚不坏的斗士之誉，向拉法尔冲了过去。拉法尔的兄弟们跳到他跟前，挥舞着斧子。亚伯兰的表兄弟们开始抡起大砍刀。有人跑回去取"金属弹弓"，一种发射弯成倒钩形、尾部饰有鹤鸵羽毛的钢镖的弹弓。男人们说他们用这些弹弓来打猎，但其真实目的是拿来做武器，醉酒斗殴场面收拾不住时，可以狠狠地伤害对手。

几拳下来，还没等斗殴发展成全面的混乱，拉法尔和那几个已经把村子的三分之一都破坏掉的年轻人就后退了。他们转过身，走到村子的末端，一开始砍树的地方。

摩西等在那儿，旁边是那几个盛满白汤的塑料桶。

摩西知道他的计划实施起来并非易事。他知道不是每个人都心甘情愿把树砍掉，这些树为他们提供了几乎每餐必备的椰子，他们嚼的以及互相交换的槟榔，他们的孩子爱当零食吃的水果，还有树荫，还有空气。他早料到了会有冲突和麻烦。

这就是他酿烈酒的原因。

拉法尔和另外几个人回到摩西坐的地方不久，他就让年轻人从现在倒在拉法尔家门前的那棵槟榔树上砍下一根大树枝。他把烟草叶和几张报纸绑在上面。村民们说这是 kup，致歉的礼物。他叫人给萨梅克送去，说他对兄弟们引起的打扰表示抱歉，请萨梅克和其他支持者来他家中一叙。

他们来了，带了类似的和解礼物给摩西。他们说他们也有不对的地方。他们还说他们愿意听。

于是摩西开始讲。他轻声地羞辱了萨梅克和村里其他老人。"你们都没成功改变迦普恩，"他告诉他们，"村子和我们祖先那时一个样。我们打西米粉，我们用狗在雨林里打猎。钱在哪里？钢铁做的房子在哪里？改变在哪里？"

"我是这个村子的孩子，"摩西说，"我说这些是因为我想帮这个村子。我想帮它改变。如果我由着你们想怎么做就怎么做，你们永远不会有改变。但你们不能一直这么落后。现在是时候用你们的脑袋想想了。现代生活已经来到了迦普恩。你们这些老人的时代过去了。"

摩西说得平静，但声音坚定。他的信念无可抗拒。他说到只要村民遵照他的计划来，就会发生改变。他说到村民们一旦把房子排列好，装上围栏，那个非政府组织就会为他们建设供水设施。他说到那个购物中心正在翘首以待。只要树砍光了，路就会修好，车子很快就会在村子里穿行。死去的人从"各国"回来的时候会变成白皮肤，腰缠万贯。一切就在那里，等着发生，摩西解释说。当村子完成重新改造，改变就会发生。

通过诉诸村里每个人都渴望的改变，摩西战胜了萨梅克和其他人。他们投降了。他们同意把所有的树都砍掉。

还没等他们来得及重新考虑改变主意，摩西就打开了他的白汤桶，所有人务必醉倒。

这一场大醉持续了四天。摩西准备的白汤桶一空，他就凿开了更多椰子，舀了白糖和酵母，酿了更多酒。要不是一直酩酊大醉，年轻人干活的能量和力气就难以为继了。醉酒让他们更兴奋，更有力气，干起活来就像玩儿一样。等他们大功告成的时候，村子里所有树都被砍掉了。

第五天，村民们从集体宿醉中醒来，要过一阵才能复原。他们望着四周，看到了一场大灾难。这个过去草木葱茏的村子已经变成了贫瘠的荒漠。地上堆满了有待清理的树干，这一繁重的工作还要再花一个月才能结束。椰子散落四周，掉落在地的还有槟榔、芒果和其他水果。有几间房屋倒下了，因为喝醉的男人粗心大意地把树砍倒后砸到了屋子。居然没有人员伤亡。房子得重建。事实上，整个被摧毁的村子都得重建。

当然，这就是摩西的计划。

距离树被砍掉已经过去了十多年，2007年发生在这场酩酊大醉的四天里的事情，在迦普恩可不是什么受欢迎的话题。灾难发生时，我不在村子里。我是两年后回来的,听到了这个事情。当我问村民们发生了什么的时候,他们要不就面带愧色,要不就语带批评。几乎没有一天大家不大声惋惜自家槟榔树的损失的。现在村民们得让孩子去树林深处采摘槟榔,他们实在无法离开这个。槟榔偷盗引发的冲突时有发生,因为这一过去那么丰富的资源成了稀缺品。那一条把整个村子分成两半的大路——村民们嘲讽地冠之以"高速公路"之名——成了一片炎热贫瘠的草地。人们绕开那条路,因为那儿没有树荫。他们都从屋子后面的雨林边缘绕进如今变得细长的村子。女人们时常抱怨要割草,几乎每天都要割——弯腰站着,挥着匕首一样的长割草刀——因为热带的草要不了几天就会冒出来,蔓延到无法通行的野地里。

"高速公路"压根儿就没引来一辆汽车,倒是引来了死亡蛇。它们喜欢躺在路中央,在又暖又硬的草地上晒着肥胖的身子。村民们生怕光脚踩到这些蛇,这给了他们又一个不走这条路的理由。按照摩西的计划,房屋本该建在能为人们挡住山上或红树林刮来的雨的地方,但方向搞错了。茅草屋顶正对着雨来的方向,而不是背对着它。因此每次一下雨,屋里就淹水。村民"楼"间的巴豆围栏一直是争吵的源头。村民的猪从树间挤过,在如今被称作 premisis(它们的"专属场地")的地方大小便。孩子们跑来跑去玩,破坏了植物,造成的空隙引发了邻里间的激烈争吵。

摩西也不再是村子的 komiti 了。他被一个沉默寡言的人取代,而那个人什么都没做。灭顶之灾过后,摩西离开了村子,和他妻子搬去了建在雨林深处的一处房子。他的新家环绕着椰子树和槟榔树,以及各种他心心念念要从村子的景观里消灭掉的果树。摩西愤愤不平,但跟从自家望出去看着满地焦土废墟,为自己父亲心爱的树损失殆尽而啜泣的萨梅克不同,他的不平是出于其他原因。

摩西觉得愤愤不平，是因为村民们没有执行他的方案。他们不明白按照"秩序"的原则，把树砍掉、重建村庄不过是实现变革的第一步。还有其他的步骤需要完成，才能实现现代生活，才能开始来钱，村民的肤色才能发生变化。村民们得买一把链锯砍掉雨林里更多的树当木材来卖，他们得建起一个 pementeri（水泥熔炉）来烘干他们的可可豆，他们得弄一个风车磨坊吸引那个非营利组织来建供水系统。也许在那开怀畅饮、大肆砍伐的四天里，摩西忘了提到这些其他步骤——我让他告诉我发生了什么时，他不情愿地承认了——但他后来告诉了村民们。

然而，他们不关心。他们不再听他的话。

因此摩西坐在雨林里的屋子里，触摸着他的地图，翻着那本匈牙利神父送他的弄脏的小册子。那是一本一个英国公司的粉色邮购目录，专卖一些新鲜的冒牌货，比如 X 光眼镜以及能实现所有愿望、能像变戏法一样变出即时的财富、权力和美貌的神奇咒语。

摩西满怀希望地用他在学校里所能掌握的最好的英语给那家公司写信，每次我去镇上采购时，他都让我买几个信封和邮票，帮他把信寄去英格兰。

与此同时，萨内人依然在背后嘲笑迦普恩人，称他们是 bus kanakas。

第五章

给予的负担

The Burden of Giving

我经常好奇,为什么迦普恩人对我这个住在他们村子里多管闲事的人类学家这么宽容?从我突然来到这里的第一天起,也不知道我是从哪里冒出来的,村民们欢迎了我。即便他们逐渐意识到,我那些神秘兮兮的活动,即所谓的工作主要就是插手他们的事务,搜集闲言碎语,以及温柔地怂恿他们把秘密讲给我听,他们还是那么好心仁慈。

为了招待我,在我三次(一次是1986年,一次是1991年,还有一次是2009年)造访他们村子的那些年里,村民们为我造了一个屋子。每次我到的时候,许多村民就在木筏不能再往前开的地方集合,帮我卸下行李,背在背上或顶在头顶上,在潮湿的雨林里跋涉一个小时,走过树干和树皮做成的滑溜溜的桥。在村里,他们给我食物吃——女人和女孩们总是主动给我送来一碟碟食物，又或者她们做了一大锅新鲜的西米咖喱或炖香蕉的时候，就叫我去她们家里一起吃。

要是我真的同意让她们帮忙，想必她们会帮我从浅井里打水，还会帮我洗衣服。（因为挑水和洗衣服是我唯二能在雨林里独自完成的事情，我就没好意思让她们帮我。）村民们要保证我干净整洁，每当他们看到我腿上哪怕溅了一丁点泥巴，他们就会忙不迭地劝我赶紧去洗掉，尽管他们自己光着的脚上和腿上还沾着泥。有一次我坐下来和一个女人闲聊，她留意到我手指甲脏了的时候还责备了我。

"你为什么不洗掉呢，这样就白了。"她关切地问我。

我告诉她，因为我生活在雨林里，手指甲免不了会弄脏，就跟他们一样。

她不喜欢这个回答。"我们想让你身上每个地方都是白的。"她耐心地解释道。意思很明确，如果不弄干净我的手指甲，我要不就是傻子，要不就是没有为他们着想。

当然，村民们对我的健康这么热心的一个原因是，他们觉得我是他们如此渴求的变革的一个预兆。但也不可能只有这一个原因，因为尽管村民们有许多美德，耐心一定不在其中。如果他们对我的存在表示宽容的唯一理由就是盼着我快点显神通，招来天堂的宝物，他们肯定早就放弃了。

这些年来，我得出结论，村民们忍受我这样一个帮不上什么忙还爱多管闲事的存在，也有其他的原因。

首先是因为我提供了可靠的娱乐价值。迦普恩人并不无聊（也许他们没有书、收音机、电视或电影，但他们有巫术和雨林里的探险故事、有彼此的流言蜚语可以自娱自乐），然而，他们的人生里往往缺少许多新意。我一到村子里，就给他们带来了新鲜感。因为我的白皮肤，我那些他们不熟悉的习惯，我过多的行李，我那些叫人捉摸不透的小物件，对他们来说，我是那么陌生，可能我是天外来客。

年轻人和孩子们最喜欢的消遣就是看我干活。这听上去很无聊，无疑确实如此。他们喜欢看我干的活就是我坐在一把蓝色塑料椅上，面前是一张一边高一边低、很潦草地钉在一起的木板桌（是我自己做的），在屋子中央写作：要不就是在电脑上打字，又或者更多时候（因为给电脑供能的太阳能接线经常出问题），手里拿着一支钢笔在笔记本和日记本上写东西。这个活动实在平淡无奇。就我个人来说，我宁愿无聊地干等。但我安安静静地弯腰坐在电脑或笔记本前写东西的样子，似乎对于村民来说拥有无法阻挡的吸引力。显然他们看我时觉得很怪异，就跟我看他们时也觉得他们很怪异一样。

尤其是我刚来的那几周（在那之后即便是他们也麻木了），一群小伙子会涌进我家里，最强壮的那两个会把其他人推走，挨挤着坐进我正对面的另一把蓝色椅子，面向着我。（椅子的用处是在我誊录和村民的语音聊天记录时，给他们一个地方坐。）那两个胜利的男孩坐在了这把椅子上，隔着桌子盯着我看。其他几个被阻止坐上这把蓝色椅子的男孩在地板上散开，盘腿坐下或朝天躺着，调整好姿势，这样他们也能得到一个观赏我的角度。他们也盯着我看。

渐渐地，我也习惯了被当成一只动物园里的猴子被人盯着看，然后学会接受它。有时候，我沉浸在写作中，就忘了有男孩们在场。我会突然抬头，就撞上一屋子少年热切盯着我的目光，仿佛我是一出电影。我经常觉得我应该卖点爆米花。

小孩子们也一样，只要有机会就会溜进我的房里，坐在蓝色塑料椅上盯着我看。他们够小，可以在我房子下面走来走去，跟其他房子一样，我的房子也建在桩子上。在房子下面，孩子们会透过树根做的地板缝隙往上窥视我的一举一动。他们像体育解说一样不断彼此交换关于我的一举一动的评论。"萨拉奇在烧水。"我在捣鼓那个小煤油炉的时候,就会听到房子下面传来窃窃私语。"他在盒子里找什么东西","他在刮胡子","他在吃香蕉","他在梳头"。

村民们包容我的第二个理由,我猜,是我让他们讲述自己,而且我对他们说的东西感兴趣。自从1980年代以来——那时人类学家被后殖民学者告知说,他们一向认为研究人类多样性的事业多么仁慈多么进步,实际上是一种东方主义,通过生产关于他者的殖民主义知识来征服他们——人类学家对于让人们讲述自身变得焦虑。他们担心自己是在强加于人,他们在一个自己熟悉的环境之外的存在不过是一种剥削他人的权力,是令人反感的压迫工具。

那一波指责让一整代比我年轻的同行们崩溃,逼得他们只能待在自己的国家,研究和他们一样的人。也许因为我开始在巴布亚新几内亚做田野调查是在这之前,我从来没有因为去到一个有异国情调的地方,问受访者一些多管闲事的问题而感到内疚。而且和今天的学生们在许多人类学课堂里学到的相反,我发现这一点尤其不难做到。总体上来说,人们很喜欢谈论自己。事实上,比起谈论任何其他的一切,他们更喜欢谈论自己。

1980年代中期,我刚到迦普恩的时候,跟我在一起玩得比较好的大部分都是老年人,基本上因为他们是能坐下来不用干太多活的那类人。像拉雅和鲁尼这样的老人有一大把时间可以消磨,他们也喜欢跟我在一起打发时间、扯闲篇。除了教我泰雅博语的基础知识,他们也和我分享自己的人生记忆。村子里没有其他人会问他们,"二战"前就被村里人抛弃的入会仪式是什么样的,要不就是兄弟俩亲身经历过的这类活动,要不——如果他们还没来得及经历这些——就是他们从父亲和叔伯的故事里知道的一切。没人有兴趣听他们讲村子的创世神话或坦巴兰声乐套曲的事情。也没人关心泰雅博语的句法复杂性。但我有兴趣。我记录下这些故事、神话、声乐套曲和语言，并不是因为我一直对这些东西有多么着迷（我没有，各式各样的神话故事和声乐套曲无聊至死），而是因为这两个老头儿想要跟人聊这些。

今天，这些记录是他们所有这些故事、歌曲和解释的遗物。

现在我们就要说到第三个理由了——而且我没有片刻怀疑，这才是最重要的——村里人为什么能容忍我作为一个负担住在他们村子里，还爱四处打探。这第三个理由就是我送他们东西。

经常送。

只要我在村子里，就仿佛圣诞老人在雨林里搭起了一个工作室，不调皮地对待任何人，对每个人都很好。我早上六点半打开房门那一刻，一直到差不多夜里十一点熄灭我的煤油灯，爬进蚊帐睡觉，会有男人、女人和孩子源源不断来悄悄告知我，他们（又或者更经常，是他们的母亲、丈夫、兄弟、叔伯、祖母等）有一点"小烦恼"（liklik wari）。

"小烦恼"总是为了一些他们知道、强烈怀疑，或者是盼着我藏在某个盒子里或他们从小溪搬到村子的容器里的东西。他们到我家来问我要的一般都是一些小东西——打火机、盐、一些煤油（他们会带一个小的塑料瓶让我装满）——只要我的供给足够，我就给他们。有时候，我会带很多我知道村民们会看重的东西。这些东西包括屠宰刀（是真的用来宰杀他们在雨林里捕到的猪、负鼠和鹤鸵的）或他们用来磨刀的锉，或一沓沓《悉尼先驱晨报》，村民们会小心地撕成一条一条的，把他们种在园子里的烟叶卷成他们每个人经常抽的那种细长的烟。我一到村子里，就会挨家挨户分发这些东西。但不管我买了多少，永远都不够分，一定会有人觉得他们本应该得到一把刀、一个锉、几张报纸，但就是没有得到，他们就会带着"小烦恼"出现在我家门口。

第五章 给予的负担

村民也问我要一些大件，比如reda（"雷达"，他们指的是一种金属探测器，他们想用这个来定位隐藏的大炮和炸弹，他们深信"二战"将近尾声的时候，日本人离开巴布亚新几内亚之前埋在了某处）、拖拉机和风车。有一阵，一群人很认真地让我给他们带一架潜水艇。他们听说，有几个国家就送了巴布亚新几内亚要独立的布干维尔岛叛军领导人一架潜水艇。他们也想要。

我住在迦普恩的某段时间，当时村民们已经把所有的树都砍了，建了"高速公路"，他们就缠着我给他们买一台割草机，因为有几个男人去了一个镇上，看到这玩意儿在工作，就被深深吸引了。我厌倦了他们没完没了跟我抱怨说有那么多草要割，还痛惜说要是他们有一台割草机，生活就会变得无限容易。实际上我最后真的要崩溃了，就给他们买了一台割草机（好吧，其实是一台手持式除草机）。他们往里面灌了我买的汽油，用了五次就爆掉了，因为他们用这台机子去割热带茎秆纤维，哪有机器能受得住这个。

当村里人让我送他们像拖拉机和潜水艇这样的东西时，我不太介意。通常我都会指出，要把风车这样的大件运到雨林沼泽，光是过桥就会带来物流问题。那个桥是草草搭建的，连一个孩子走在上面都会让它裂开或被冲走。当他们问我要雷达这样的东西时，我就有机会问他们关于"二战"以及之后发生了什么之类的话题。

但从另一方面来说，每天从家里没完没了送东西出去，也让我很抓狂。让我抓狂的一部分原因是，这无休无止的要求时刻提醒着我，我作为一个来自第一世界的白人的特权身份。

但村民们提出要求的方式同样让我抓狂。

四个年轻女人会结队到我家门口。然后通常是这样：她们会走进我的屋子，站在敞开的门口，盯着正在桌上写东西的我看。她们一言不发。

我知道，为了打破沉默，我应该问："你们的烦恼是什么？"

其中一个，也是这群人里被选出来当发言人的那个，清了清嗓子，怯生生地说："木苏玛有一个橡皮筋方面的小烦恼。"

"没问题。"我说。

我起身，开始努力回忆我把那一袋从镇上买来的彩色橡皮筋放哪里了，我知道村民们喜欢把它们缠在手腕上。

我在大塑料容器里一阵翻找，我会把所有的东西藏在里面，就怕手脚不干净的小伙子会偷，也会把食物放起来，避免让蚂蚁或长得像老鼠那么大的蟑螂吃掉。夜里我的油灯一熄灭，它们就像一群贪吃的水牛一样在房间里来回走动。

开箱关箱翻找几分钟后，我找到了那个装橡皮筋的袋子。我抽出了一根，合上袋子，把盒子盖好，向木苏玛走去，手上的这东西会"解决她的烦恼"。

我把橡皮筋递给木苏玛，她拿了过去，没说一句话，低着头，这是村里人从别人那里收到东西时表达礼貌的方式。她把橡皮筋缠在自己的手腕上，这群女人转身离开。不过，就在她们要到门口的时候，停了下来。

"吉潘达也有一个关于橡皮筋的小烦恼。"

我讨厌这没完没了的"小烦恼"，每天就像拍打的潮水一样涌进我家里，但这一情况部分也是我咎由自取。我第一次在迦普恩长待时，就觉得一味在村里吃白食，除了一本博士论文的承诺之外什么都不给他们，在道德上是说不过去的，他们为我做了这么多，但作为回报的博士论文他们是永远都不会读的。我也不想付他们钱，因为在村里生活，金钱并不是（现在依然不是）多重要的方面。而且，给一些村民钱（比如，付房租或饭钱）会让其他人生发极大的嫉妒心，然后就会引起纷争，导致巫术，带来疾病和死亡……因此很大程度上为了缓解我自己的愧疚感，我开始给村里人买一些我观察到的他们想要或需要的小东西，只要他们有求，我就必应。

村民们为我做的一切，我给他们东西当作交换，这不是报酬，是礼物。这些礼物是一种承认我与他们关系的方式，鼓励这种关系继续下去。这就是礼物的精髓。人类学领域最有名的书之一谈到了这一点：书名叫《礼物》(*The Gift*)，作者是法国社会学家和人类学家马塞尔·莫斯，1925年出版。《礼物》是英文翻译，法文原文是"Essai sur le don"。"don"这个词的意思是"礼物"，总是向我扑来，我也总是以一种自我指涉的自私的方式读这本书。我总是逗自己，想象着这本书实际上是一本关于我的专著，至少我在迦普恩的时候总这么想。[1] 这本书的论点当然很中肯：莫斯说礼物从来都不只是慷慨、关心或爱的表达。不论它是什么，首先它都标志着赠予人和受赠人参与进了一种社会关系。莫斯的说法恰如其分，当你收到一份礼物时，"随之附带了一份负担"。[2] 一份礼物（与报酬不同）意味着互惠，它迫使你回赠。

在迦普恩，就像在任何其他地方，礼物的负担是把双刃剑：村民们为我做的事迫使我回报，而我赠予他们的东西，相应地，也迫使他们继续照顾我。这一无止境的礼物赠予是把我们维系在一起的黏合剂。

总体上人类学家对这一社会黏合剂的确切本质抱持着相当暧昧的态度：谁送什么东西给谁，以便能够继续和那些为他们提供著书立说信息的人生活在一起。我并不完全清楚为什么是这样，但这或许和一个事实有关，即人类学家依然喜欢给人树立这样的印象，人们跟他们聊天是因为他们（人类学家）友好、善于接受而且真心地关心他们。

---

[1] 作者名字就叫唐（Don），与这个词拼写相同。——译者注
[2] 马塞尔·莫斯，《礼物：古式社会中交换的形式与理由》。

又或者更令人讨厌的是，他们声称人们热情地接纳他们进入自己的家庭里，大度地把他们当成亚马孙或尼泊尔或随便哪里的家人，因此被接纳的人类学家大言不惭地觉得，仿佛他们的"姐妹""母亲"或"兄弟"向他们展现的信任是出自家人一般的情感，而非金钱或其他的利益考量。

几乎从来没有人类学家透露她或他事实上是用物质来交换他人的殷勤好客以及他们想获得的信息。这会被认为是登不上台面的行为。

冒着被人视为粗鄙的风险——顺便揭开人类学田野工作神秘面纱的一角，等我回到家之后，我这个人类学家还是得和那些根本不在乎我写了什么书和文章的人搞好关系——这里有一份清单，上面列着我在迦普恩平常的一周的五天里（列表里是2009年六月二十二日到二十六日那一周），我送他们的和我收到的礼物：

周一

唐送的：	唐收到的：
给亚满一份报纸卷烟用	来自玛布的一个西米丸子和五只煮熟的蛤蜊
给科玛一个打火机	来自达莫的一块西米烙饼和三只煮熟的蛤蜊
给艾格拉雅（科玛的姐姐）一个打火机	来自琪琪的一碟西米喀喱，上面放着四只煮熟的西米幼虫
给琪琪一把菜刀	
给艾格拉雅一把菜刀	
给库里（亚满四岁的侄子）一个气球	来自达莫的一碗番薯汤，还有四只煮熟的蛤蜊
给噶莫（一个十岁的女孩）一个气球	来自艾格拉雅的一碟西米喀喱，上面放了一点褐领冢雉蛋
给马耐一把锉刀	

周二	
唐送的：	唐收到的：
给艾姆比特一沓报纸卷烟	来自达莫的一碗汤，里面是芋头和一只煮熟的袋狸
给艾姆巴努（达莫的丈夫）一沓报纸卷烟	来自莫坡克（达莫的女儿）的十个捞捞（粉红马六甲蒲桃）
给卡拉帕（艾姆比特的女儿）一个打火机	来自达莫的一碟西米啫喱，上面放了三只煮熟的红树林蛀蝓
给科玛一个打火机（她坚持说她昨天没问我要，说我一定是把她和娜诺搞混了）	
给艾姆巴瓦一沓报纸加一个打火机	
给坡尼克、艾姆布鲁、阿坡、卡梅克、卡坡、瓦、阿塔尼、萨麦、古热、可姆、玛努每人一个气球	
给艾姆波波特和莫坡克（达莫的两个女儿，共享）一把屠宰刀	

周三	
唐送的：	唐收到的：
给艾姆鲍迪四枚 3A 电池	来自伊拉波的一碟山药汤
给米萨姆一份报纸加一个打火机	来自卡玛的一片木瓜
给冈杜装了一小塑料瓶的煤油	来自坎贝玛的一片西米烙饼，还有一些猪肉汤
给冈杜盐，转给阿塔尼，装盐的瓶子之前是装止咳糖浆的	来自艾姆伯尼卡的一个小木瓜
给艾比衍那一份报纸	来自亚帕的一碟西米啫喱，上面放了五只煮熟的西米幼虫
给帕西一个打火机	
给艾姆比特一个打火机	

雨林里的消亡

给摩西一份报纸 给艾比衍那一条胶带	来自达莫的一块西米烙饼和一些猪肉汤
周四	
唐送的： 给卡米克一份报纸 给帕索（卡米克的妈妈）一份报纸 给阿里巴（卡米克的爸爸）一份报纸 给科玛一个打火机（她又跑过来想让我相信我没有给过她，这一次她没有得逞。"我记到书里了。"我故作严肃地告诉她） 给莫坡克、艾姆布鲁和艾姆巴吉娜每人一个气球 给艾格拉雅一份报纸，给她丈夫梅萨姆一个打火机 给恩托莫雅一份报纸和一个打火机 给辛维拉三节用过的电池 给艾伯兰加（辛维拉的妻子）一条胶带 给基玲装了一小塑料瓶的煤油	**唐收到的：** 来自娜诺的一碟西米啫喱，上面放了三只煮熟的蛤蜊 来自伊拉波的一碗香蕉炖菜，里面放了一些猪肉 来自亚帕和艾姆伯尼卡的一碟西米啫喱，上面放了一小块煮熟的猪肉 来自卡玛的一块西米烙饼和猪肉汤
周五	
唐送的： 给萨拉齐一份报纸 给桑吉一个剃须刀片和两个茶包 给卡克一个橡皮筋	**唐收到的：** 来自达莫的一碟西米啫喱，上面放了一片煮熟的负鼠肉

第五章　给予的负担

给莫拉巴一份报纸和一个剃须刀片 给索帕克装了一小塑料瓶的煤油	来自卡玛的一碟西米啫喱, 　上面放了一小片煮熟的鱼 来自基基的一碟西米啫喱, 　上面放了一小片煮熟的鱼 来自达莫的一碗番薯汤

第六章

在迦普恩吃饭

Dining in Gapun

在迦普恩的生活里，不间断的赠予并不是我发现很难适应的唯一方面。除此之外，我还得习惯性生活匮乏、蚊子和泥土。然后就是花大量时间做田野调查最艰难的一个部分，吃当地食物。

对于任何这些不适，我实在无能为力。

就性而言，村里人从来没有对我有什么非分之想。尽管我觉得他们当中很多人挺诱人，但我都已经死了，而且要担心要处理的事情实在太多，更别提有什么浪漫艳遇了（就我所知，村里人可能会把这当成恋尸癖，觉得恶心）。

对于蚊子和泥土，我所能做的就是咒骂自己，怎么偏偏选择花那么多年时间去研究一门在沼泽而不是在更轻松愉快的美丽热带海岛上将要死去的语言。

食物状况也不在我的掌握范围之内。我没

法带自己的食物去村里，因为这样做太贵也太费事。更重要的是，这么做的话就会让我孤立于村里人，是在侮辱他们。和别人分享食物是最基本的建立社会关系的方式。拒绝吃别人给你的食物是严重的冒犯。法国美食家布里亚-萨瓦兰那句著名的烹饪格言——"告诉我你吃了什么，我就能判断你是一个什么样的人"——不只是在讲个人口味，也有其社会意义。它意味着，如果我拒绝了你的食物，我就是在拒绝你。

村里以及整个塞皮克河沿岸的主食是西米。西米是一年到头每天都要吃的，理想的话至少一天吃两顿。一次是早上，一次是傍晚。它的原材料是一种面粉，像潮湿的压在一起的玉米淀粉。把这种面粉压平，在一个破锅片或煎锅上加热之后，可以做成有嚼劲的烙饼。也可以揉成网球大小的一团扔进火里（出来的食物，外面是一层焦黑的膜，里面是干燥的粉末，泰雅博语里管它叫 muna kokir，字面意思是"西米头"）。也可以包进树叶放在火里烤，或者碾成竹筒形，再丢进火里成形。

在英语里，它最常见也最受人喜爱的形式，通常被叫作西米布丁或西米啫喱。然而，这两个说法太有误导性了，因为它们仿佛在暗示（a）所说的这种食物有布丁或啫喱的黏稠度，（b）所谓的这种食物就像布丁或啫喱一样诱人。

这两种暗示都错得离谱。这种被称为西米"布丁"或"啫喱"的食物的质地实际上更像是烂泥或黏痰。它的黏性如此之好，以至于一口还在你嘴巴里的时候，其余部分已经悬到喉咙里了，就像一口又长又稠的痰挂在那儿似的。这甚至不是西方很多人视作食物应有的黏稠度。当有什么稀溜溜的东西像鼻涕一样顺着嗓子眼儿滑下去时，我们的反应是想吐出来，而不是吞下去。

西米啫喱也不诱人——当然，除非你正好是一个塞皮克河沿岸村子的人，生来就是吃这个长大的（婴儿刚出生几天后，迦普恩的村民就开始喂他们吃西米啫喱）。它没有什么味道，这是它唯一不讨人嫌的地方——除非做的时候在不干净的水里洗过，这样就能尝出家具抛光料的味道。西米啫喱的颜色不一，从淡粉到深红乃至黑色都有，取决于过滤时的水质。

西米啫喱在泰雅博语里居然叫作 mum（我说"居然"，因为在瑞典语里，"好吃"这个词就是 mums），上菜时就盛在又大又浅的盘子或洗脸盆里（村里有户人家会定期给我吃，盛在一个不知他们从什么地方弄来的方方正正的塑料洗脚盆里），黏黏的一坨。女人还会在一坨这玩意儿上面放几片蔬菜叶和/或几只煮熟的幼虫和/或一小片煮熟的鱼和/或一小块熟肉——就像冰淇淋圣代上的一枚樱桃（不过，这个画面再一次具有欺骗性质，因为它会暗示什么美味的东西）。上面还会浇几勺"汤"。汤的主要成分是椰奶（也就是椰肉磨碎后在冷水里挤压出来的液体），mum 上面的蔬菜或肉就是这里面煮出来的。如果村民们有盐，他们会不吝惜地放很多给汤增味。除了过多的盐以外，或一点盐都不放，迦普恩的菜里没有任何其他调料，没有香料，或任何草本植物。不是因为没有这些东西——毕竟世界各地厨房里用的香料很多都产自雨林。即便如此，村里人还是不感兴趣。他们喜欢让食物要不就寡淡无味，要不就咸得齁死人。

村民们制作西米工序之复杂，不禁让你诧异，人类到底是怎么发现这玩意儿的。首先，大部分西米棕榈树一点都不诱人：它们的刺又长又尖，就像仙人掌一样覆盖在枝干和树叶上。尽管如此，在遥远的过去，曾经有人意识到，从这些身上都是刺的棕榈树的内部树皮里，可以提取出可供食用的淀粉。但这类淀粉不容易获得。首先，村民一定要把西米棕榈树砍倒，用大刀除去上面的刺。然后，用斧头在外面的树皮上划一道狭长的口子。再用斧头和大刀劈开坚硬的树皮，渐渐弄出一个深长的切口，撑开，直到它像贝壳一样张开，这样棕榈树浅色的内部就暴露在外了。

这时，村民就拿一个看上去介于锄头和大凿子之间的工具，开始一点一点把棕榈树里面的部分往下削。他从树的底部开始削，一直往上削到树冠。用这个工具削下来的内皮就像粗糙的粉色锯屑。

然后就轮到村民的妻子上场了。她把粉色锯屑一般的东西拿到一口挖在西米棕榈树旁边（因为西米棕榈树长在沼泽地里，附近通常有大量的水）的粗糙的井里。她抓了几把放到一个西米棕榈叶子的根部做成的长漏斗里。在底部加一个椰子纤维过滤网，把水倒进漏斗里。然后挤压揉捏漏斗里的西米衬皮，释放出衬皮里包含的淀粉。淀粉混着水沿着过滤网流下来，收集在棕榈叶做成的桶里。

用这种方法把淀粉过滤后，西米衬皮就扔掉了。每一把西米衬皮要洗四到五遍，确保彻底过滤。

西米淀粉和水混在一起经过滤网，淀粉沉到棕榈叶桶的底部，留下水在上面。把水倒掉，留下来的就是稠密的湿湿的粉糕。女人把粉糕用树叶和热灰盖上，灰里的热量提取了剩下的水。干了之后，西米粉糕就被带回村里，用来制作村民的饭食。

从砍倒西米棕榈树到制作西米粉糕，整个过程耗时一整天，从早上大约八点到下午三四点，需要两个人完成。这一天的劳作所得到的原材料，通常只能加工完一半——另一半要第二天继续。两人一天的劳作制成五到八个大的西米粉糕。这些西米可以让一个八口之家维持四天的口粮，但取决于有多少西米要分给亲戚。

做西米啫喱要分出一堆西米粉，放进锅里用少量冷水调开。这样就得到了滤掉剩余杂质（昆虫、刺、灰）的稀面糊。下一步，厨师把大量烧开的水浇到面糊上，不停地大力搅拌。热气腾腾的水和搅拌会让西米糊凝固成备受村民喜爱的黏稠的一大坨。把这一锅黏糊糊的东西像太妃糖一样搅进上菜用的盆里就可以吃了。上面再撒点必不可少的少许树叶、幼虫或小块肉和鱼——瞧，祝你好胃口（voilà, bon appétit）！

1985年，我刚到迦普恩几小时后，就第一次吃到了mum，我都快吐了。当我总算用匙子弄起了一点，看到那个粉粉黏黏的东西像鼻涕一样从盆里拉长，我努力控制住我的反胃冲动。当它填满我的嘴巴，开始往下滑进我的喉咙，我开始干呕。从沼泽跋涉了一路到了村里，我就已经汗流浃背。但此刻，我的汗腺开始像喷泉一样喷涌，当我意识到自己在村子里的第一顿饭就要吐，而我还要在这里待上至少一年做研究，最后总算勉强吞了几小口，然后就说我已经饱了。

接下来的几周，我做了大量抑制反胃的练习，因为他们几乎每一餐都给我吃mum。那个时候，我还不知道西米也有其他做法，也不知道mum其实是一道名菜——相当于本村的菲力牛排，而其他菜只能算是汉堡包。村里人当然是想让神秘白人贵客尝尝他们最引以为傲的食物。当然，他们的神秘白人贵客吃了下去，因为他饥肠辘辘，他也发现在迦普恩，每户人家的菜单上除了这个就没有什么别的可以吃了。

为什么当地人觉得是美食的食物通常在外人看来那么恶心？在瑞典，有一道被死忠粉奉为标准瑞典美食的菜是一种叫鲱鱼罐头（surströmming）的东西。这个词字面翻译就是"酸鲱鱼"——但这里的"酸"是腐烂鲱鱼的"酸"，不是柠檬味鲱鱼的"酸"。制作方法是把捕来的新鲜鲱鱼放到浓盐水里，把血水泡出来，然后给鱼去头，取出内脏，放到淡一些的盐水里，让它发酵几周，然后装罐封存，让它在罐头里继续发酵。

这一过程会让鱼腐烂，而且会把罐头撑得很紧。罐头不允许带上飞机，因为有爆开的风险。不过，这样的禁令当然不会让行家们望而却步，每年八月——年度鲱鱼罐头大赏的时候——瑞典的报纸上就会有一些令人忍俊不禁的报道，说生活在海外的爱好鲱鱼罐头的瑞典人打开他们心爱的烂鲱鱼罐头时，被当地人举报到警方和卫生部门那里。

把警察招来的原因是，腐烂的鱼闻上去特别像屎——婴儿的屎，确切地说。

我尝过一次鲱鱼罐头，在我移居瑞典几年后。所有的外国人都会尝一尝，这是迟早的事。他们的尝试是为了表现一种勇气，瑞典人（他们中的大多数其实自己都没亲身靠近过这玩意儿）很喜欢用这玩意儿来挑战非瑞典人。我闻到这鱼像屎一样的味道，但我还是照他们说的尝了，从罐头里取出一块，乖乖地放在一片加了煮熟的土豆片和生洋葱的薄脆饼干上。我把鲱鱼放进嘴巴里，想当然地寻思着闻起来像屎不见得真的尝起来也像屎。

我错了。

迦普恩也有美食。主要的一种是煮熟的褐领冢雉蛋。褐领冢雉属于冢雉科，一种野鸡大小的鸟，意思是"大脚"。这种鸟会用它们非同寻常的大脚刮凑出一个腐烂植被构成的巨大鸟巢土堆，雌鸟会在里面下蛋。被埋在土堆里后，蛋会孵化，破壳时，小鸟的爪子就会伸出来。和出生时没有羽毛也不会保护自己的其他雏鸟不同，褐领冢雉破壳而出时就已羽翼丰满，可以独立生存。

迦普恩的女人和女孩在雨林里发现这些鸟巢土堆时，会小心地拨开表面，找到里面的鸟蛋，不弄碎它们脆弱的壳。鸟蛋很大——大概是鸭蛋的两倍大——而且它们有一层好看的赭黄色的壳。村民们煮这些蛋的方式和他们准备其他所有食物没有什么两样——他们会把蛋煮熟，通常上菜时会放在西米啫喱上，蛋壳剥去一部分，这样就能很容易地用匙子食用。

所有这一切听上去无伤大雅。然而，问题在于，鸟蛋是被随机发现的，它们也可能处在孵化到雏鸟的任何阶段。

1986年我来到迦普恩长待时，女人们告诉我，褐领冢雉蛋是一道美食，她们会尽其所能给我找一颗让我尝尝鲜。我寻思着任何像蛋的东西总归比煮熟的西米幼虫或红树林蚝蝓（这两样东西经常和他们每天给我吃的mum放在一起）要可口，便热情地回复说我很期待。

一天下午，一个小孩到了我家，头上顶着一个铝盆，上面盖着一片宽宽的kapiak（面包树）叶子，用来挡苍蝇叮里面的食物。就在把盆递给我的时候，她嘟囔着说她的妈妈为我找到了一枚褐领冢雉蛋，而且放在了mum上。"哦好的。"我说。然后我揭开了叶子。

整个屋子仿佛向我压了过来。在满是粉色黏液的盆子中央放着一枚蛋，在小女孩的母亲好心帮我打破的壳里，有一只巨大的成形的眼睛在向上盯着我看。当我低头看到那只眼睛——又或者当那只眼睛向上看着我时，我发誓我听到了电影《惊魂记》的淋浴场景里一样刺耳的小提琴声。

我被吓到了。我得当机立断，因为我知道我至少得表现出要吃这枚承诺已久的蛋的样子。扔掉是不可能了——我得偷运进雨林里，这也不行，因为我从来没有在没人看见的情况下独自一人行动过。即便我能想方设法把它弄出我的房子，丢进雨林，我也怕有人最终还是会发现蛋壳，然后就会查回到我身上。而且，我已经小题大做地表示我多盼着可以吃到一枚褐领冢雉蛋——现在我手头就有一枚可以吃。我不能突然记起来我其实对蛋过敏，或假装得了疟疾或突然脑出血。

用头顶着盆子把蛋给我送来的那个小女孩已经走了,从我家顺着有齿的杆子往下爬了一半,但我把她叫回来了。我告诉她等一会儿,好让她把她妈妈的盆带回去。我把盆举在她头顶的地方,这样她就看不到我在干什么了。我用匙子敲开蛋壳看了看,觉得恶心,因为一只完全成形的褐领冢雉宝宝淌了出来。我赶紧强迫自己吃了几勺mum,那个时候我已经在村子里待得够久,能强忍着吞下去了,一般也不会反胃。我啧啧地吞了几口mum后,盆里就腾出了一块空间,我机智地把黏糊糊的西米挖起来,跟煮过的蛋调了个包,就像一个女仆把偷来的东西藏在她雇主的东方地毯下面一样。

然后我低头看着小女孩,告诉她我很想吃这枚蛋,但不巧的是,我刚吃了另一个妈妈送来的一盆mum,已经饱了。她想不想帮我吃掉这枚蛋?

小女孩的眼睛亮了。时间还不够我念出"诺曼·贝茨"[1],煮熟的小鸟就被她快速吃掉了。

本来可以到此为止了,但白痴如我还是犯了一个经典错误。当小女孩的妈妈后来问我喜不喜欢她为我准备的蛋时,我没有告诉她我发现吃了褐领冢雉蛋后荨麻疹复发了,或者肚子不舒服,又或者让我暂时失明,我想出于谨慎和礼貌,还是要表达对于这道当地美食的欣赏。于是我咬了咬牙撒了个谎,一个劲儿地感谢她,告诉她我觉得非常美味。

从那以后,每次我到迦普恩,女人们兴冲冲地告诉我的第一件事就是"我要给你找一颗褐领冢雉蛋"。她们这么说是为了表达一种好客的姿态,在我听来却仿佛是一种威胁。在我逗留村子期间,我遭遇了一个又一个放在mum上的褐领冢雉蛋,从一个大蛋黄到一只羽翼

---

1 希区柯克电影《惊魂记》里的男主角。——译者注

丰满的煮熟的雏鸟，每一枚的孵化阶段都不一样。

尽管如此，褐领冢雉蛋至少是少数几样我在迦普恩吃过的没有幼虫阶段的东西。

村里人用矛捕猎野猪、树栖负鼠和大老鼠一样的袋狸，他们最近还学会了设置陷阱抓古利亚皇冠鸽和鹤鸵之类的大型鸟类。他们还在雨林的溪涧里捕鱼，从红树林采集一种黏糊糊的蛞蝓，煮熟后，那东西尝起来就像包在泥里的橡胶弹丸。他们也抓巨蜥杀来吃。但煮熟的或生的昆虫还是他们饮食中的重要一块。

最常见的是西米幼虫。这是一种胖胖的带环纹的白色幼虫，有大草莓那么大。头是褐色的，又小又硬。它们会有规律地跳动。在雨林里发现这些幼虫后，村里人就会捉来当零食吃，也会采集起来煮熟后，放在西米啫喱上一起吃。不管是煮熟的还是生的，这些幼虫尝起来都有点像坚果和黄油。还会留有余香，所以吃过几小时后，你走在路上就会满嘴都是一股沁人的西米幼虫味。

就像村里其他吃的东西那样，吃西米幼虫也是后天养成的爱好，但只要我成功抑制住它到底是什么的想法，就能相对心无挂碍地享用它。一只幼虫里面到底是什么？不是肉，也不是像虾尾那样的东西，也不是牡蛎。我所能想到的只有脓。这也是为什么，每当我把一只活蹦乱跳的西米幼虫放进嘴巴，咬下去，嚼碎时，我都得认真脑补点别的东西。

但还有比西米幼虫糟糕得多的东西。

有一次，一个叫埃兰佳的女人来我家，带来她准备的一道炖菜，并语气夸张地说是特意做给我吃的。她在雨林里偶然看见了一些甲虫幼虫，而且她并不知道我是否吃过。她把拿在手上的碗放到我面前，我低头看着那碗汤,在我看来碗里全是超级大蛆。事实上,过去我在其他人的饭桌上见过这道菜,但我成功地避免了亲身尝试。然而此刻,埃兰佳笑眯眯站在我面前,手里拿着一碗炖蛆虫满脸期待地盯着我,我的心沉了下去,我知道出来混总是要还的。

我挑了最小的一只——但还是有我大拇指那么大——闭上眼睛,放进了嘴巴里。

一开始尝起来就像一般的西米幼虫。但嚼着嚼着,一种腐烂的酸臭味就充塞了我的嘴巴。我赶快把幼虫吞了下去,说挺好的(我一直都没学会照实说),但我补了一句,说我那时不太饿,所以如果埃兰佳可以把这碗食物留给我,我就之后再吃,第二天再把碗还给她。她高高兴兴地答应了,回了自己家。

埃兰佳一从我视线里消失,我就偷摸着拿了碗去了邻居达莫家,问她的孩子饿不饿。他们说:"哎呀,甲虫幼虫耶!"然后争先恐后地抢最大的那只。我向达莫坦白,我真的没发现这幼虫有多好吃。

她从这碗炖菜里拣起一只,查看了一番。

她说:"埃兰佳没做好。她没把它们的屎弄掉。你得把它们的肚子剖开,把屎扯出去。她把屎留在里面了。"

从达莫的美食批评里,我得出的迷之结论是,我不光吃了一只巨型蛆虫,还连巨型蛆虫的屎都吃了。

炖菜里的屎。

棒极了(Mums)。

但我在村里最叹为观止的饮食体验是一天早上一个女人带给我的——居然是早餐——一碗 mum 上面放着三只大幼虫,其中一只的触须、上颚和腿都伸出来了。那东西看上去就像雷德利·斯科特的电影《异形》里处于生命早期阶段的生物——黏糊糊的在蜘蛛一样的东西身边跑来跑去,努力想把它的产卵器伸进人的喉咙里,挤出一颗食肉卵到人们的肚子里。

我接受了这盘食物，尽管我已经修炼得百毒不侵，再难以置信的恶心食物都能下咽，但这一煮熟的异物实在超出了我的能力范围。这个女人一走掉，我就拿着盘子跑到另一位邻居那里，她叫帕索。

帕索二话不说就把带脚的幼虫大口吞了下去。我问她这些昆虫在泰雅博语里叫什么，她告诉了我。

"Uruk uruk。"她说。

这个名字的拟声效果把我惊到了：那是一个人狂吐的声音。

第七章

"我要离开这里"

"I'm Getting Out of Here"

在迦普恩生活的一大特点就是，村里的孩子让我经历的食物及所有其他不适变得能够忍受。他们跟我在欧美的朋友家中、购物商场和公园等公共场所见到的那种被过度溺爱、过度保护的中产阶级家庭的孩子大相径庭。长到四岁的时候，这些孩子就会点火、爬槟榔树、用大刀敲开椰子。小女孩会去小溪里抓鱼，煮简单的饭，使用割草刀，用小斧子劈柴，还会受家长嘱托照顾弟弟妹妹。小男孩会拿弹弓对准小鸟，投掷草或竹子的硬茎制成的短标枪。孩子们会像小大人一样开玩笑、训斥、威胁人、咒骂。他们对其他人的秘密了如指掌，要哄骗着他们才会对你开口。他们精力过剩、强壮凶悍、无所畏惧。他们让我喜欢。

孩子们也喜欢我。我受他们欢迎是因为我不像其他大多数大人，孩子们一聚在一起发出太多噪声，就冲他们吼，把他们赶开，而是欢迎他们在我家走廊和房子下面玩耍。我送礼物的时候也一定不会少了他们的份儿。我会送孩子们玻璃弹珠、橡皮筋、扑克牌以及儿童尺码的球给他们踢。我给最小的蹒跚学步的娃娃吹气球，吹肥皂泡逗他们玩。

我总是留心学着记住每个孩子的名字。这不是一件很容易的事，部分是因为不管什么时候，村里都有近百个十五岁以下的孩子。而村民们之间会通婚，让这件事变得难上加难，他们的孩子往往长得特别像。在一群长得就像双胞胎的兄弟姐妹、表兄妹们中间分辨出哪个是哪个真的有够伤脑筋。譬如，我的邻居达莫一家几乎长得一模一样。达莫最小的儿子阿玛尼四岁，长得就像他的哥哥布鲁四岁时的样子。反过来，布鲁长得就像他俩的哥哥嘎瓦在布鲁那个年纪时候的样子。兄弟们的妈妈达莫跟她的妈妈索帕克在达莫的年纪就像一个模子刻出来似的，而当达莫变成一个老妇人的时候，也会和索帕克长得一模一样。我经常在想，村里人用不着照片就能记起他们小时候的样子——或他们老了之后会变成什么样。他们只需要看看周围，就会看到克隆版的自己。

孩子们喜欢我的另一个原因是，我是村子里唯一一个从来没有威胁过他们或打过他们的人。我缺乏攻击性这一点让他们很困惑，我有时也会听到他们私底下议论这一让人困惑的行为。他们从来理解不了，但他们似乎很欣赏。我猜他们把我看成了那种无害的、糊里糊涂的、纵容的未婚老阿姨，对他们的行为睁一只眼闭一只眼——说脏话、抽小小的手卷烟——这些行为会让他们挨骂，或许还会挨随便哪个大人的巴掌。

在我整个逗留迦普恩期间，总会有那么一个小男孩不知怎么就会对我表达好感，把自己当成我的特别好友。1980年代中期，一个叫比尼的喜欢苦思冥想的三岁男孩每次一看到我，就会凑过来抓住我的手，而且每次我抱着他的时候，他都会心满意足地睡在我的大腿上。在2009年长待时，一个两岁半的叫吉梅的小男孩开始避开他的妈妈，每天早上顺着有齿的木杆爬到我家，偷偷躲在门后，爬上我临时做的那张桌子旁边的蓝色塑料椅。吉梅会坐在椅子上自顾自轻声唱歌，唱够了就爬下去到地板上蜷缩起来眯一会儿。

2014年，我最后一次去这个村子的时候，我的邻居达莫那个活蹦乱跳的四岁小男孩阿玛尼，有一天宣布说他要做我的sukuriti（"私人保镖"）。从那以后，每当他看到我要爬上木杆子回家时，就会跑在我前面，急吼吼地先爬上去，坚持要为我开门（我得把他举起来，他才够得到起锁门作用的那块木头）。每当我走夜路的时候，阿玛尼还会执意帮我举手电筒，实际上，他帮不了什么忙，因为大多数时候他只是往自己眼睛里照，一个四岁的孩子才会那样乐此不疲地享受一遍遍把自己晃瞎的乐趣。

我对村里孩子们的喜欢以及我和他们的密切互动并不是完全无私的。我意识到要理解为什么泰雅博语在消亡，就得搞清楚传输过程的断裂是怎么发生的：村里的孩子第一次不再学习他们祖先的语言，这个事情到底是怎么发生的？为了解开这个谜团，我得听孩子们互相聊天时都说些什么。我也得搞明白他们究竟是怎么说话的。

通过观察母亲和其他照护者与前语言期婴儿的互动，我发现了谎言和说谎在乡村社会生活中扮演的核心角色。孩子刚生下来的头几个月，妈妈们回应吵吵闹闹的宝宝的方式就是，粗暴地把乳头塞到孩子的嘴里，让他们安静下来。等孩子六个月大的时候，这个策略就不管用了，迦普恩的母亲们就开始对宝宝们讲谎话。

她们最喜欢的分散宝宝注意力的方法就是把他们的脸扭过去对着村子或雨林，装模作样地指着。

"Em ia！"（"看！"）妈妈会说，手臂张开，再以轻柔的唱歌一样向上扬的语调补上一句，"看，一只猪。你看那只猪。哦，它在吃小鸡崽呢。看，那只猪。猪。你看到那只猪了吗？"

孩子会停止哭闹，用力地把视线集中在母亲手指的方向。尽管十有八九，孩子是看不见那只猪的，因为本来就没猪。

母亲在撒谎。

有一天深夜，玛茜托的神经紧张了。她的三岁女儿佩罗已经哭了将近一个钟头。最近这段时间佩罗一直这样。白天玩得很开心，但一到晚上累了就开始作妖和哭闹。

"白天的时候你是一个大女人，但到了晚上你就变成了一个小宝宝。"玛茜托气冲冲地对她女儿吼。然后她冲她喊了好几次"闭嘴"。佩罗一直哭个不停的时候，玛茜托就咬紧牙关低吼道："明天你玩的时候，我就打你。"

然后突然间，她转变了思路。

玛茜托伸长脖子朝着雨林，急促地轻声说："哟，一个女的进了林子生了个小宝宝。她的宝宝在哭。你看，"她指着黑夜的方向说道，"你看到林子里的光了吗？"

还没等她女儿回答，玛茜托就叫了那个最近刚生完孩子的女人的名字。"安潘娜的宝宝死了。他的鬼魂来了。"她急迫地说道。

然后她说："哦，萨内村的男人来了，抓住了萨卡（佩罗四岁的表哥，也是她的玩伴）。

"可怜哦，他们把他绑起来了，正要把他像猪一样带走。他们在寻找爱哭的孩子。他们会把这样的孩子带走。"

"现在就睡，"玛茜托命令她女儿，"萨内村的巫师要来了！"

几分钟过去，佩罗还坐在树皮地板上，在她母亲身旁，靠近壁炉，继续低声呜咽着。玛茜托十四岁的侄子泰勒加爬上了她的家，坐了下来。

"泰勒加，"玛茜托用让她女儿听得到的声量不安地低声说，"萨内村的男人是不是把萨卡绑了起来，要把他带到他们村子里？"

泰勒加很快心领神会，回答道："是啊，他们来找那些爱哭鼻子的小朋友来了。"

玛茜托轻声叫着，用"哦"（O）这一呼格音让佩罗知道，她正在对站在她家门外的人说话："哦，我的宝宝在蚊帐里哦。我把她放下了，她睡着了哦。"

泰勒加附和："你们可以走了哦。佩罗睡着了哦。"

"我的宝宝睡着了哦！"玛茜托大声说。她保护地把手臂环绕着佩罗，睁大眼睛向小姑娘示意，如果不想像猪一样被绑起来，然后被一群来回巡察的巫师带走的话，她最好闭嘴。

玛茜托为了让她女儿停止哭泣时对她说的每件事都是谎言（在皮金语里叫 giaman，泰雅博语里叫 takwat）。没有女人去树林里生孩子；林子里看不到光；安潘娜的宝宝没有死掉；没有萨内村的人来迦普恩带走那些爱哭的孩子。

通通都是谎言。

村民们会无所顾忌地承认他们可以无拘无束地——甚至是用力地——对他们的孩子说谎话。他们这样做是想要转移孩子的注意力，让他们停止哭闹。村里每个像玛茜托那样撒谎的人（也就是说，迦普恩的每个人）都不在乎他们指给孩子看的东西其实不存在。如果他们想到和孩子说话的意义就是教给他们什么东西，这才会让他们感到烦恼。村里人不认为自己在教孩子们任何东西——比如指引孩子观察一只猪长什么样，是什么颜色的，或者会发出什么声音。像"猪是什么颜色的啊？"或"猪说了什么啊？"这样的问题——在西方中产阶级家庭的亲子对话里稀松平常——在迦普恩是不存在的。通过问孩子这类问题进行对话既有互动性又有教导意义。但这类对话在迦普恩是不必要的，因为村民们认为孩子不是靠教学会这些的。

孩子们是靠自己学会的，村里人说，那个时候他们的"知识"，即他们所说的 save（发音是 sáv-ei）就开窍了。

就像洋泾浜语言的许多词的源头都很迂回曲折，save 是一个皮金语词，源自葡萄牙语里的动词 saber，"去知道"。这个词在泰雅博语里是 numbwan，意思是"思想"。村里人会说，四岁以下的小孩子都是没有 save 的。他们没有思想，没有知识。

迦普恩的宝宝们会的第一个词不是"妈咪"或"爹地"或类似的同义词。村民们都认为所有的孩子说出的第一个词是 okɨ（这个字母 ɨ 的发音就像"urn"里的"u"）。okɨ 是泰雅博语里的动词"去走"（to go）的词根。当一个宝宝说"okɨ"，意思是"我要离开了"。或者，说得更直白一点："我要离开这里。"

okɨ 之后的第二个词是 minda。当一个宝宝说"minda"，意思是"我讨厌这个"。村民们说，宝宝说的第三个词是"ayata"，意思是"打住"。

每个地方的婴儿都喜欢咿咿呀呀地说话，每个地方的父母都会按照自己对孩子的理解来阐释宝宝的咿呀学语。当洛杉矶或伦敦的中产阶级家长注意到孩子说了他们阐释为"妈咪"或"爹地"这样的意思的声音，与其说这揭示的是孩子脑袋里在想什么，不如说是透露了他们自己脑袋里在想什么。人们认为孩子说出的第一批词汇讲出的是他们所理解的孩子的天性，是他们认为的孩子对周遭发现的世界的看法。在迦普恩，听上去像"妈妈"或"爸爸"这样的词会被听到它们的大人过滤掉：婴儿发出这样的声音是因为牙牙学语的婴儿会发出一系列不同的声音组合。但村里人没有注意到"妈妈"或"爸爸"这样的声音。他们不去注意这样的声音。相反，从孩子不连贯的咿咿呀呀里，村民们提取出了三个词——oki、minda 和 ayata——他们认为这几个词表达了婴儿和这个世界互动的方式。

从这初试啼声的三个词来说，很容易会发现，迦普恩的宝宝是带着糟糕的心情来到这个世界的。婴儿是坏脾气的、古怪的，而且已经彻底厌倦了发生在周遭的一切。婴儿出生的时候就带着非同寻常的坚定意志。村民们说，他们是带着很多"头"（在皮金语里是 hed，泰雅博语里是 kokir）降生的。

由于婴儿被认为生来就是坏脾气和自大的，和他们说话的意义不在于对话（如果宝宝搭不上话，那样做又有什么意义？）或教他们任何东西。和他们说话的唯一意义就是让他们不要耍脾气。妈妈和宝宝说话是出于三个原因：转移他们的注意力、确认他们准确无误地解释了孩子为什么哭（"你是不是想要槟榔啊？"），当所有其他方式都不奏效时，就开始威胁他们（"萨内来的巫师要来了！"）。

出于同样的原因，由于婴儿爱发脾气又任性，任何人在头几年照看他们的时候都会安抚他们。宝宝想要什么就能得到什么。每当宝宝闹起来的时候，妈妈总能第一时间把奶头塞进他们嘴里。宝宝伸手要任何东西，就会有人递给他们。如果谁手上有哪个宝宝想要的东西，但就是藏着掖着不肯给，那个人就会被照看宝宝的人强迫把东西交出来；如果那个人是宝宝的兄弟姐妹，宝宝的妈妈或姐姐就会粗暴地从那人手里把东西一把抓过来——还会打那个小孩一巴掌，因为他或她没有及时回应宝宝的需要。

这种慷慨扩展到了一切事物上，说得委婉些，甚至那些看似不太适合拿给婴儿的物件上——比如，打火机或生锈的电池。村里负责给大家剃头的人的一把剪刀是婴儿们最中意的玩具，经常能看到他们把这东西叼在嘴里。每次我带了塑料袋到迦普恩，村里人总是会问我要一个，拿去盖住长疮的脚不沾上泥土，或用来做防水容器存放衣服，或当玩具送给宝宝玩。

类似地，每当我给村里人带了切肉刀回来，挨家挨户分发的时候，一定会发生的第一件事就是，一个婴儿坐在母亲的大腿上，或被抱在怀里，被这个闪闪发光的玩意儿吸引，伸手去抢。我刚把刀给了这个母亲，她就一定会面无表情地把它递给宝宝。

在把刀递过去之前，母亲通常会严厉地说："你千万别把我的刀弄坏。"然而马上，不带丝毫犹豫的，她就会把刀递给开心地咯咯直笑的宝宝。

看到妈妈们把切肉刀递给一个还没学会说话的婴儿当玩具，一开始这种体验让我震惊不已。过了一阵我才理解为什么村民们看似这么心大，因为没有婴儿能离开母亲或姐姐伸手够得着的地方——不止如此，宝宝们通常都在某人的怀里抱着或腿上坐着。（在迦普恩，特别小的孩子都不会经过撑着手和膝盖在地上爬行的阶段，他们开始走路也比大多数西方的宝宝晚——因为没这个必要：他们想去哪里，妈妈或姐姐就抱着背着带他们去哪里。）如果宝宝做了任何在她们看来可能伤害到自己的事情，妈妈或姐姐一眨眼的工夫就会介入。我也渐渐发现，迦普恩这种养育孩子的风格实际上造就了极其能干的小朋友。从小就开始玩刀的孩子在年纪很小的时候就会娴熟地舞刀弄枪。他们偶尔会伤到自己——我的"保镖"，四岁的阿玛尼，三岁的时候拿一把跟他一样长的大刀砍一个椰子，然后割破了四分之一的大拇指。但伤口很快就愈合了，生活照旧。

婴儿们在人生头几年经历的极乐时光随着另一个新生命的降生就戛然而止了。这一情况在今天发生了变化，因为基督教会也在鼓励人们摒弃传统禁忌。但在过去，一个孩子长到大约三岁时，父母才会生下一个，因为夫妻至少要等到孩子出生一年后（更多时候差不多要两年）才会恢复性生活。新晋妈妈被认为是"火热"的——不是"性感"那个意义上的，而是"烫死人"——哪个男人哪怕只是看了一眼产后刚过几个月的女人，就会有染上致命哮喘的风险。

村里的女人一直都在她们母亲和其他女性亲戚的协助下，在雨林里生小孩，今天依然如此。当女人生下孩子后，就会带婴儿爬到丈夫为她和新生儿建造的小棚里。小棚建在村子外围，通常又小又挤，近旁就是村民们去大小便的地方。在过去，女人要在这样的母婴房里待上六个月，直到孩子可以坐起来可以笑为止。到了1990年代中期，负责掌管这些事情的老大爷和老太太差不多都去世了，女人开始更早地离开又小又挤的小棚，回到自己的房子里。今天，大多数女人带着她们的新生儿只离开两周或三周就重新和她们的孩子团聚了。

一个新生儿到了，大的那个被宠溺的好日子也就结束了。所有的注意力都转移到了新来的这个身上，大的那个突然就坐上了哥哥或姐姐的位子，只要新生儿伸手要，不管那个东西多诱人，他们手里的东西就会被夺过去，还会挨巴掌。

也正是在这个时候，孩子们的"知识"，即他们的 save 开始开窍了。他们得开始听其他人的话，而不是等着被安抚。孩子们这个时候会被呼来喝去——以及被以暴力相威胁，而不是被转移视线被抚慰。他们开始听到母亲冲他们喊，威胁警告他们："（我打你的时候）屎会从你的屁眼里飘出来！"（"Pekpek bai sut long wul bilong yu!"）到了这个年纪，大人们指过的森林里不存在的猪就会变成萨内的巫师，他们会来村里把爱哭的孩子绑起来，像猪一样带走。

弟弟出生后几个月的一个漆黑的夜里，三岁的凯普坐在妈妈达莫身边。达莫告诉我和另一个跟她一起坐在地板上的女人，有一天凯普被爬过她手上的一只壁虎吓到了。凯普吓得哭了，达莫笑着说。

达莫跟我们刚讲完这个故事，就转向凯普，对她轻声说："那只壁虎就在上面的茅草屋顶，它在看着你。如果凯普一定要睡在我大腿上，它就会下来咬她。那只咬过你的手把你吓到的壁虎，就在茅草屋顶上盯着你看呢。凯普想去睡觉的时候，她得睡到蚊帐里。要是你非要睡在我大腿上，壁虎就会下来咬你。你就没命了。"

那天深夜，凯普开始哭闹，因为她想爬到妈妈的腿上睡觉。达莫用警告的语气喊道："壁虎！壁虎在那儿！下来咬凯普！"

凯普得到了怎样长大的教训。那个晚上余下的时间里，她就躺在树皮地板上，默默地恐惧发抖。

像凯普这样的孩子一般通过照做大人交代的事情来展现自己的save，即他们的"知识"。他们不该说太多，事实上，直到四岁，大多数迦普恩的孩子都很少说话。在他们的婴儿宝座被一个新生儿取代以前，他们只需要哭哭啼啼就能得到母亲或姐姐认为他们想要的任何东西。等长到四岁，他们就发现曾经能让他们得到奖赏的同样的哭哭啼啼会被完全无视，如果他们哭闹的时间持续太久，就会引来母亲的呵斥，甚至还会挨上一巴掌。在迦普恩，女孩子比男孩子长得快些，因为她们会被妈妈逼着帮忙照顾新生儿，还得去干捡柴火、挑水这样的活。与我熟悉的自己文化背景里的模式相似，男孩们偶尔也会被要求帮点忙，但大部分时候，他们都只管和其他同龄的男孩子一起玩。

1980年代中期，我第一次在迦普恩长待时，发现当孩子们到了这个阶段，开始对命令作出回应时，父母和孩子说话的方式就会发生微妙的变化。那个时候，父母和孩子说话时，还会用大量泰雅博语，所以妈妈们会用泰雅博语命令一个三岁的孩子做诸如"拿一根烧着的柴火过来！"（用来点烟）这样的事情，泰雅博语就是"Otarkut kukuwe!"。但是紧接着，尤其当小孩没有立即反应时，母亲就会用皮金语重复同样的命令——"Kisim hap paiwut i kam!"——往往要更强调一下。

孩子们很快就会发现，大人们不管用泰雅博语说了什么，紧跟着的就是皮金语。而且皮金语会被更着重强调，因为如果孩子没有按照用那种语言表达的命令去做，就会受到妈妈们的威胁——也是用皮金语，说类似""Bai yu kisim pen"["等下（我揍你的时候）你就知道痛了！"]——或者从屋子另一头朝那个不听话的孩子扔东西。因此孩子们意识到他们得注意那些用皮金语说的事情。

至于泰雅博语，他们可以无视。

我问爸爸妈妈们，为什么他们和孩子说皮金语，而不是泰雅博语。他们的回答出乎意料：他们解释说，他们说皮金语是因为孩子bikhed——意思是他们"自大"（bigheaded）、固执。父母们坚持说，孩子们拒绝使用泰雅博语，只回应他们用皮金语说的话，是出于只有孩子们自己知道的原因。

这个解释很出乎意料，也是一种很新鲜的说法。但我知道，从科学上来讲，这是说不通的。一个刚学会说话的孩子怎么可能既能区分两种不同的语言——即他们听到周围的人说的泰雅博语和皮金语——同时作出拒绝泰雅博语的决定？

我越了解宝宝们怎样带着"大头"和自己的坚强意志从子宫里来到这个世界上，我就越能理解，小孩子们是能决定他们想说哪种语言的。从村里家长的视角来看，既然脾气暴躁的孩子对一切都厌倦了，还嚷嚷着要离开这里，那么他们坚信自己更喜欢哪种语言也没什么好大惊小怪的。而家长们顺应了孩子的想法，对他们说他们明确更喜欢的语言，也变得合情合理，因为每个照顾孩子的人都要想方设法安抚他们。

但我也知道，实际上，两三岁的小屁孩是不会决定他们更喜欢哪种语言的，尤其在迦普恩，孩子经常能同时听到泰雅博语和皮金语这两种语言。如果他们需要使用这一门语言，他们会继续掌握它，在此之前村里的孩子就一直如此。

前语言期的宝宝对于语言的态度并未发生神秘改变，相反，是父母们悄悄地——无意识地——教他们的孩子留意皮金语，忽略他们祖先的语言泰雅博语。

在 20 世纪的历史进程中，巴布亚新几内亚发生了意义深远的变化。说这个国家在一代人的时间从"石器时代跃升至太空时代"是一句过度夸张的陈词滥调——此外也是不准确的，毕竟这个国家大部分地方几乎都还没获得太空时代的任何产物，连小学教育或基础医疗设施等服务都没有。但这一陈词滥调还是表达出了白人给巴布亚新几内亚每个人的人生带来的巨大影响。

在迦普恩，白人殖民主义和后殖民国家的影响并不是通过物质进步来衡量的。今天的村民也许有钢制工具，穿西方风格的衣服，但他们所有的食物还是靠自己种或捕猎，他们的钱依然少得可怜，他们在沼泽村子里的日常活动和他们的祖先没有显著区别。

相反，白人的影响最明显地体现在，村民们是如何看待像知识这样的事物的。

在白人到来之前，孩子们在成长过程中，那些被社会高度重视的知识原本都是用泰雅博语表达的。但白人的到来以及他们带来的变化意味着，被视为知识的整个基础也发生了不可逆转的变化。男孩和女孩都要经历的痛苦的古老成人仪式被摒弃了，正是通过这一仪式他们习得了怎样像一个成人那样行为举止的知识。此外，还有那些象征一个人知识如何渊博的故事、神话传说和巫术吟唱也一并被摒弃了。与此同时，像庄严的丧饭这样的壮观活动也渐渐地消失了，能把它们办成功的人拥有的灵活组织技能和广阔的社会人脉，正是通过这些活动得到证明的。澳大利亚殖民者在"二战"后强制实施的"和平计划"意味着，那些从自古以来就无休无止的战斗中习得的如何战斗、如何生存的重要知识变得多余了……也失传了。

取代所有这些传统生存之道以及认知世界的方式的，是白人殖民者植入巴布亚新几内亚的新生活方式：基督教、种植咖啡或可可豆等商业作物、想要获得村里人看得到或想得到的白人拥有的所有商品的欲望——以及往更深了说，想要变成自己所不是的那种人的欲望。这些新的生活方式都像火车车厢连接着一个新语言的火车头：皮金语。

到了1980年代，皮金语牢固确立了它在迦普恩的地位，成为代表了教会和现代性——代表村里人热烈追逐，汲汲以求的变化——的语言。尽管那个时候大多数村里的女性学了皮金语，也能流利运用，这门语言依然充盈着男性历史的汁液。历史的风潮从种植园第一次漂洋过海把皮金语带来迦普恩，这门语言就开始在这个村子里生根发芽。男人们总被刻板地认为拥有比女人更多的知识，他们把皮金语带到这个村子里，教会了其他人，这一事实更确定了他们拥有更优越的知识，并被延伸至新的领域。实际上男人说话时讲皮金语也比女人讲得多，每当他们在男人房子里发表演讲，劝诫每个人都不要再当野蛮人，这样村庄或许才能改变时，他们就会故意说这门语言。

但即便村民们对于 numbwan（知识）的理解转向了皮金语，开始将其想象成了 save 这种新的框架，他们对 kokir 或"头"——小孩子与生俱来的任性顽固——的看法依旧和泰雅博语牢牢绑定在一起。婴儿会说的最初三个词："oki"（"我要离开这里"）、"minda"（"我厌倦了这个"）和"ayata"（"打住"）是用泰雅博语说的——都是纯粹的自大的表达。女人们会用泰雅博语大声咒骂，而且一般会受到男人

（和其他女人）的责备，说她们是旧思想的蓄水池——阻碍这个村子的人改变肤色变成白人。

皮金语开始标志着所有对于美好生活的欲望，而泰雅博语则越来越代表非理性、负面的特质——村民们异口同声认为这些特质需要被压抑，这样他们或许才能改头换面。

这类对于"知识"和"头"的关系的理解渗透到了村里的母亲和其他人与小孩子互动的过程中。尽管在迦普恩，没有父母会认为怎样和孩子说话需要任何总体的方向或规划，在我看来，很显然把孩子带大的目标从来都是抑制住他们的"头"，从而展现他们的"知识"。这一目标一直都是劝说或逼迫孩子超越自身对于自己应该得到什么的婴儿式思维以及不满情绪，成熟地和其他人互动。

"二战"后在迦普恩变得根深蒂固的新世界里，孩子们如何能做到这些？他们该如何表达自己的"知识"？

很简单：通过说皮金语。

因此家长们开始潜移默化地鼓励他们的孩子说皮金语。他们这么做的第一步就是，不指望孩子们会说泰雅博语。只要父母们识别出孩子们说的头三个泰雅博语里的单词——oki、minda 和 ayata——他们就再也不把孩子发出的其他声音作泰雅博语来解读。相反（就家长们所能注意到孩子说的话的程度来看），他们听什么都觉得是在说皮金语。因此，一个一岁的婴儿含混不清地说了个"tatai"这样的词，就会被解读成皮金语"Tata i go"（"姐姐要走了"）——即便那个要走的姐姐根本不在场，而不是被解读成明显的泰雅博语词组"Ta taitukun"（"把刀拿着"）——即便也没有刀。

与此同时，家长们在和孩子说话时，要顺应他们认为孩子更喜欢的语言，以及强调那些被孩子无视的用泰雅博语表达的命令时，就用皮金语。

到了 1980 年代中期，分水岭到了。第一代不再学习家乡语言的孩子被生产出来了：当我 1985 年来到迦普恩时，没有一个十岁以下的孩子会主动说泰雅博语，有一些年纪最小的小朋友甚至都不太听得懂。

事实证明，有几个孩子最后还是学了泰雅博语。但这些未成年人从不和任何人说这门语言，生怕村里吹毛求疵的大人会因为他们说错了一个词或弄错了一个动词变形而羞辱他们。我在 1980 年代中期认识的大多数孩子只掌握了被动运用这门语言的能力。今天已为人父母的他们在和自己的孩子说话时，说的全是皮金语。

被一堆谎言喂养长大的后果之一是，迦普恩的孩子们很快就意识到了他们身边的每个人都在说谎——他们的妈妈说谎，他们最心爱的姐姐说谎，他们的父亲说谎，他们的姑姑说谎。早在第一次被习惯性转移注意力时，一个母亲让她还没学会说话的婴儿朝向外面，热情地指着雨林里某头不存在的猪时，孩子们就已经习以为常了，人们说的关于世界的东西和世界的实际状态之间有一道难以弥合的鸿沟。

孩子们最终意识到了，那头时不时被指给他们的猪实际上不存在。他们看到了妈妈声称被偷偷运出村然后死掉的婴儿。他们意识到，那些他们将像猪一样被绑起来然后被萨内巫师绑架的威胁不过是虚张声势。等到了两岁的时候，孩子们就会发现村里人和他们说的大部分话都是谎言。他们学会了要认真观察，仔细聆听，密切注意人们所做的——而不是他们所说的——这样才能对世界的状态作出自己的判断。

每天结束的时候，我的小保镖阿玛尼睡觉前，他的妈妈，也就是我的邻居达莫总会试图哄骗他，让她往他身上倒一桶水给他洗澡。达莫坚持要给儿子洗澡的一个原因是，洗完澡后汗水和嵌在他小小身体上的大部分泥渍就不会沾到睡毯上了，再就是村里人认为洗澡有助于孩子成长。达莫几乎每天都要对阿玛尼唠叨，每每会提到我的名字："如果你想长得像萨拉奇那么高，就得洗澡。如果你洗了澡，就会长得又大又快。"

然而，就像大多数四岁的孩子一样，阿玛尼有其他想法。妈妈拿着一个桶出来呼唤他的时候，他经常逃跑躲起来，常常是躲在我房子下面的阴暗中。

一天夜里，达莫上演了全套的谎言试图让阿玛尼露面。她告诉他说萨内的巫师要用施了咒的钩子射死他；说他死去祖父的灵魂从雨林里出来找他；说他得病的叔叔死了，整个村子的人都去他家哭丧了。

阿玛尼对他妈妈每一个威胁都作出了回应，喊着："Giaman！"（"你骗人！"）

达莫放弃了试图哄骗阿玛尼从我房子下面出来的企图，对坐在近旁走廊的一个侄子悄声低语，告诉阿玛尼他的妈妈不带他了，准备自己去他叔叔那里哭丧了。侄子重复了这个谎言，戳中了要害。阿玛尼担心达莫可能要抛下他一个人待在这个黑漆漆的地方，就从我房子下面探出头来，找寻自己的母亲。当他出现时，达莫正等着他。她冲了上去，想一把抓住他。但他逃过了她的掌心，跑开了，又回到我的房子下面。

这个时候，我也加入到了"讨好"（grisim）阿玛尼的队伍中。我用像抹了黄油一样的声音引诱他说，我也要跟他的母亲去他叔叔家给这个据说刚过世的人哭丧。我知道这个小男孩有多么喜欢在夜里帮我打手电筒，就告诉阿玛尼，如果他从我家底下出来，他就可以拿着手电筒，引导我们穿过黑暗去他叔叔家。

阿玛尼用皮金语说出的那句清澈透明的回答从我房子底下传出

来，那是一句脏话："Opim wul bilong yu！"（"爆你菊花！"）

阿玛尼的妈妈站在我旁边听到这句话后，瞬间就被震惊到了。"阿玛尼对萨拉奇说爆他菊花。"达莫瞠目结舌地对每个坐在她家隔壁的人说道。

然后她和所有其他人都爆发出了一阵歇斯底里的笑声。

听到这一阵欢呼声后，阿玛尼笑容满面地从我家底下出来了。达莫跑了过去，紧紧拥抱他。她把他举起，拥入怀中，然后一直狂笑不止地重复说他要爆我菊花。她为自己这个小儿子感到骄傲。阿玛尼不仅分辨出我骗了他这一事实，还告诉我该怎样用谎话骗人。

阿玛尼表现出了他的**智识**。

第八章

飞越彩虹

Over the Rainbow

　　一天早晨，一夜暴雨过后，一道宽阔绚丽的彩虹横跨天际。在我去村子里的一个小水坑洗衣服的路上，我抬头看到了它，我发现我不知道彩虹用泰雅博语怎么说，于是就问了我看到的第一个人——拉法尔，村里负责祷告的人，我知道他的泰雅博语很流利——"彩虹"这个词是什么。

　　"Renbo。"他回答说，没有丝毫犹豫。

　　"呃，不是。"我说，这一定是皮金语里的词——泰雅博语里的词是另一个。

　　"哦。"他说。这样的话，他补充说，他也不知道——并建议我去问一下他的父亲，六十五岁的莫内。

　　莫内是一个有异域血统的村民。他的父亲是迦普恩人，但他的母亲来自一个远方岛屿。

"二战"前在一个种植园做工时，莫内的父亲遇到了他的妻子，与那些离开村子去当契约工，在外面娶了当地女人的村民不同，莫内的父亲把妻子和两个孩子带回了迦普恩。

他的父母回来后没过多久就去世了（每个人都认为是死于巫术）。尽管如此，我愿意这么想，莫内的母亲一定是一个温柔的女人，对她孩子的成长产生过深远的影响。因为让莫内显得有异域风情的完全不是他的外表（他看上去跟其他村里人没有什么两样），而在于他和他妹妹都脾性温和，举止平静。我从来没有听过他俩威胁要打哪个人，他俩也很少提高音量，甚至和孩子说话时也是如此。在发生冲突的情境下，莫内会和对方据理力争。多年下来，这一策略让大家都把他视为一个讲道理的人，一个你可以寻求合理建议和审慎观点的人。他也很健谈，思维活跃。拉雅和鲁尼死后，我有关于泰雅博语的问题时，就经常找莫内。

2009年初的一天，我看到彩虹的那个早晨，莫内坐在他早上常坐的阳台某处，嚼着槟榔。我冲他说早上好，跟他说我有一个问题，"泰雅博语里的'彩虹'是哪个词？"

我本来想着他可能会直接给出一个词，没想到莫内停顿了下来，把一根手指放在下巴上。他在沉思。过了一会儿，他告诉我他一时间记不起来是哪个词，他得好好想想。我觉得这很奇怪。尽管另一方面，在雨林里，彩虹的确不常见。那一年我在村子里待了整整九个月，也只见过一次。我在想，也许莫内只是暂时失忆，又或者他有点措手不及，没有料到我会问起一个村民们没有机会经常用到的词。

事实上莫内考虑"彩虹"花了好几天时间。一天下午，在去水坑里洗衣服的路上，莫内把我叫去他家，告诉我"彩虹"在泰雅博语里没有一个单独的词。"彩虹"是通过一个动词词组来表达的——akin tamtiek,意思是"云朵染上了色彩"。

对我来说这听上去合情合理,我就记了下来。

但当我向其他人重复这个词组来检验他们的反应时,无一例外,我被鄙视了。"Em giaman。"我问的每个人都以讥笑作为回应,用他们最喜欢的表达方式——意思是"他在说谎"——来驳斥另一个人在泰雅博语上的专业性。尽管没有人想得出来正确的说法是什么,他们都告诉我他们知道莫内说的那个词组是错的。

之前我就遇到过几次这种集体内部的分歧。比如,大家会很不耐烦地在泰雅博语里的"毛毛虫"这个词上产生分歧。还有风的问题。在泰雅博语里,风有四种叫法:awar,ŋamai,mbunim 和 mbankap。在这个问题上,所有村里的老人都意见一致。他们也认同通过吹来的方向来对每一种风作出区分。然而,他们完全无法达成共识的是风吹来的方向是哪里。一个老人很坚定地认为 ŋamai 风是从山上吹到迦普恩南边的。有一个老妇人同样坚定地认为这个风是村子北边的海上吹来的。类似地,有一些人认为 awar 风是从山上来的(也就是南边),其他人则认为是从红树林潟湖(也就是北面)吹来的。每当这个话题出现的时候,老人们就会彼此激烈争论,但他们从来解决不了。

万幸的是,这四种风被收入并定义在了德国传教士乔治·霍克出版的《泰雅博语词汇简表》里。1937 年,霍克在一个传教士同伴的陪伴下来到迦普恩,成为少数几个实际造访过这个村子的白人。他和他的同伴在迦普恩逗留了三个钟头。霍克拍了两张照片,收集了一个词汇表。一年后,他出版了这份列表,还加了一句不耐烦的评语:"要过好久其他研究者才会'意外发现'迦普恩,也不过是因为这个小小的村子所能产出学术价值的概率很小,以及通往这个语言孤岛的路线充满不便和艰难。"[1]

除了唐·雷考克从两个迦普恩村民（1971年前后，他在旺安这个村子里遇到他们）搜集来的未发表的词汇表以及我的工作，霍克的词汇表是现存唯一对于泰雅博语的记录。尽管是由一个之前从来没听过（而且以后也不会再听到）泰雅博语的人收集的，霍克的词汇表出乎意料的准确。为了解开这四种风的争议，我决定追随他的定义。毕竟，他和一个基本上完全说泰雅博语的村子里的人聊过。而且，我问了其中一个迦普恩年纪最长的村民，他对四种风的定义和霍克的记录是一样的。于是，至少让我感到满意的是，风的问题圆满解决了。

然而不幸的是，"彩虹"不在霍克的列表里。

时光流逝，没人想得起来泰雅博语里的"彩虹"一词怎么说。村里的老人向我解释说，他们的父母和亲戚警告过他们，让他们不要走在彩虹下，因为如果走到彩虹下面，他们的思绪就会模糊混乱。尽管他们记得这些告诫，却没有人记得起来他们的父母和亲戚是用哪个词表达彩虹的。村里人告诉我，这个词 i hait：它"藏起来"了。

终于，莫内的妻子（我的邻居达莫的母亲）索帕克做了一个梦，梦到有一个死去的祖先在她耳边轻声说出了正确的"彩虹"这个词。祖先揭示说，那个词是 minuomb——它的另一个意思是"又大又圆的湖"。索帕克说泰雅博语里"彩虹"的叫法是"akinni minuomb utok"（"出现在云里的一面又大又圆的湖"）。

我把索帕克的启示告诉给村里其他的老人，他们不为所动。"Em giaman。"他们面无表情地喊道。

索帕克讲述她的梦之后几天，村里年纪最大的一个老人告诉我他

---

[1] Georg Höltker, "Eine fragmentarische Wörterliste der Gapún-Sprache Neuguineas," translated by Agnes Brandt. *Anthropos* 33（January–April 1938）: 279-282, quote from page 280.

记起这个词了——是 wagurmos。

其他人的判断可以想见，"Em giaman。"他们都很庄重地说。他们解释说 wagurmos 的意思是指夜里出现在天际的那一片白色星星——这是泰雅博语里描述银河系的那个词，完全不是彩虹的意思。很多人还借机贬低那个给出 wagurmos 这个词的老人的语言知识。他们轻蔑地说，那个人也许年纪大，但他是一个 lapun nating——意思是他年纪大归大，但什么都没学到。人们说，他所有的只是 bebi sens——婴儿的判断力。

几周过去了，沮丧气氛愈发浓厚。终于有一天，一个三十来岁的男人来到我家，告诉我他记得有一次听过他的祖父老鲁尼说起过彩虹这个词。

据这个年轻男子说，他小时候和鲁尼划木筏穿过红树林潟湖。在潟湖中间，一个木筏上满载着一群从邻村旺安来的女人，她们靠近爷孙俩的时候，正在谈论彩虹。在旺安说的科帕语里，彩虹被叫作 mamor。年轻人记得，那些女人向鲁尼打招呼，问他泰雅博语里彩虹是哪个词。鲁尼告诉他们是 mamar。

我本来以为这是一个令人振奋的突破，结果 mamar 也被否决了。

我没告诉他们原因，希望搅动他们的记忆，于是我让老人们说说什么是 mamar。"它的意思是'香蕉'。"他们异口同声地冷淡回应。

事实上，这个词确实指的是一种香蕉。但任何一种语言里都有大量同形异义词。比如，英语里的"mole"就有许多不同的意思：一种爱挖洞的小型哺乳动物，皮肤上一块凸起的斑点，化学里的计量单位等。与之相似地，mamar 会不会也有不止一种意思？会不会也有彩虹的意思？

不是。鲁尼 giaman。又或者那个说鲁尼这么说的年轻人是

giaman。不管怎么说，都有人说谎了，村里的老人一致认为。

最后，一个月的争吵过去——还是没能吵出一个让所有人满意的词或表达，而且也对我坚持不懈向他们提问越发感到不耐烦——村里的老人不情不愿地同意说 mamar 一定就是彩虹那个词啦，毕竟鲁尼明确（这个时候有几个人还偷偷翻了个白眼）说过是这个。

我自己的结论是，mamar 或许就是泰雅博语里正确表示彩虹的那个词。泰雅博语和旺安村说的科帕语之间完全没有关联，尽管说这两种语言的村子只隔着步行后再乘木筏总共两小时的距离。但说这两种语言的人接触已久，他们共享一些相似的名词。[1]

我告诉村民们我会把 mamar 作为泰雅博语里表示彩虹的词收进我的词典。宣布之后，嘟囔声一片。

让我感到惊讶的是，像表达彩虹这样一个动人又可爱的事物的词，居然莫名其妙地从村里人的记忆中溜走了。我寻思着，我内心深处暗暗想让泰雅博语里有一个美丽的词来表达这一美丽的现象，很难相信整个村子的人居然会忘记一个词——尤其是这个词。尤其是村里人还跟我说，家长们会告诫孩子走在彩虹下面会蒙蔽你的头脑，让你忘事，却没人能记起来"彩虹"是哪个词，这挺滑稽的。就好像迦普

---

[1] 在泰雅博语和科帕语共享的词汇中，像 mamor 和 mamar 这样发音有微妙差别的情况是很常见的。举例如下：

	泰雅博语发音	科帕语发音
crocodile（鳄鱼）	*orem*	*oreo*
cockatoo（凤头鹦鹉）	*kaimwa*	*keimwa*
turtle（乌龟）	*pawp*	*pup*
lorikeet（吸蜜鹦鹉）	*njijerik*	*njijeriŋ*
hook（钩子）	*pipiŋgabu*	*bibigabu*

雨林里的消亡

恩整个村的人一齐从彩虹下经过，然后集体失忆了——结果记不起"彩虹"这个词本身。

村里的老年人因为"彩虹"发生的口角让我意识到，无法就恰当的泰雅博语达成一致是村里生活的一大特点，这促成了这门语言的衰亡。我依旧感到震惊的是，村里说泰雅博语的老人那么激烈地（在我看来，那么无缘无故地）否定讥笑各自的语言能力。早在1980年代待在村子里的时候，我就不再试图在一群老年人中间讨论泰雅博语的问题了，因为关于这一语言任何方面的讨论都不可避免地会导致争论不休。他们最后可能会牢骚满腹地同意任何我问他们的问题，但随后，他们总会跟我安排私下的时间，热心地否定其他人的知识和观点。

迦普恩的每个人其实都知道，泰雅博语是一门很小的语言，除了这里没有其他地方的人会说。但和其他地方的人不一样的是，迦普恩人不把语言视为某个社群共享的财富。和村里的其他东西一样，语言的知识被认为是私人财产。迦普恩的村民们会满脸疑惑地大摇其头，困惑于西方人居然对他们这些生活在雨林里的人一直抱持刻板印象，觉得他们会在一个社会主义式的极乐世界里，放弃所有权，慷慨地共享自然资源。

事实恰恰相反。在迦普恩，没有什么是属于集体的，没有什么是被大家平等地共有共享的。所有的东西——每一片土地，每一株铁树，每一株椰子棕榈树，每一棵芒果树，每一个锅、盘、斧、刀，被丢弃的矛杆、坏掉的煤油灯，以及任何其他你能想到的一切——都是属于某个特定的个人的。这也包括人们的名字和命名权，以及神话、歌谣和治病时的唱诵等知识。村民们永远知道什么东西是归谁所有的。他们得知道哪样东西属于谁才能心无旁骛地拿，或相对不受惩罚地偷。他们积极地守卫自己的所有权，用力守护它们。我听到过一个女人把一根线扔掉后看到她姐姐从雨林里捡了回来,她们就因为一根被丢弃的线这么微不足道的东西爆发了激烈的争吵,大吼大叫:"这不是你的,是我的!"

像这类对物品的所有权的理解会对语言产生影响:意味着西方那种语言是"共享"的自明之理在迦普恩是没有什么市场的。在他们的观念里,村里人是不"共享"一门语言的。相反,每个人都拥有他或她自己版本的语言。年纪越长,他们越会视自己的版本是正统,而其他人的则是"谎言"。

因此,说泰雅博语的村民也不觉得这门语言的流失是多么痛心的事。说得流利的老年人依然保有"他们的"泰雅博语。如果年轻人没有属于他们自己版本的泰雅博语,那么,wari bilong ol——那是他们自己的问题。

第九章

脏话里的诗意

The Poetics of Swearing

　　1985 年，我第一次来到迦普恩，那是为期一个月的提前考察之旅，我到的第一天，两个向导就把我扔给了他们的一个远房亲戚，那个男人名叫阿兰，来自塞皮克河上一个叫芒安的村子。阿兰娶了一名叫萨柯的迦普恩女人，村民们说，是萨柯把阿兰"拉"去她的村子生活的，就跟其他村民一样，她在那儿有大片土地。

　　萨柯是一个紧张兮兮的小个子女人，总让我想到卡通人物大力水手。她长了一个圆滚滚的鼻子和一双紧靠在一起的眼睛，中间文了一朵蓝色雏菊。她就像大力水手那样斜眼看人，但她被槟榔染黑的嘴唇间，总叼着的并不是烟斗，而是一根草草卷起来的报纸烟。她的声音就像大力水手一样沙哑而低沉，但有一种金属般的刺耳声调。她喊叫的时候，听上去就像一只发怒的鸭子。

突然有一个不知道从哪里冒出来的年轻白人男子被强行丢给她，萨柯似乎对此并不惊讶，她平静地把我保护在她的羽翼之下。她如此镇定自若的一个原因或许是她自己没有孩子要照看。萨柯生不了孩子，村里人深信这一状况永远是她自找的，因为她吃了太多村上的女人用来避孕的树皮。

但萨柯如此不为所动还有另一个原因：迦普恩人把我当成一个死去村民的鬼魂，而那个人是她儿子。或者确切地说，我是她姐姐艾欧玛的儿子。1980年代初，她在生儿子时难产去世。萨柯收养了这个婴儿，担负起了为人母的职责。然而不幸的是，这个婴儿刚活了几个月就死了。村民们认为我就是那个孩子。他们互相传话（我是后来发现的），说肯定是这么回事儿，从我长驱直入迦普恩要见我母亲萨柯就能看出来。事实上，我完全没做过这种事——我完全没有大摇大摆进入迦普恩（更准确的描述是，我可怜兮兮地把自己拖了进去，身上沾满泥土，浑身冒汗，由于饥饿几乎神志不清）。再者，都是我的两位向导在说话沟通，叫来他们的亲戚，也就是萨柯的丈夫来照顾我，而不是萨柯。

然而，上述一切都无关紧要。我的到来在不断重述中被重新编辑重新改写了。发生过的事情很快就被大家彻底忘记了。

我刚到这个村子时，萨柯三十五岁左右。令我感激的是，命运将我托付给了她，因为如果我没有被命运安排和萨柯产生特殊的联结，我一定会怕她。尽管年纪不大，萨柯其实是村里最举足轻重的女人。她有这一地位是因为她的咒骂会像狂风暴雨一般砸向你。只要萨柯认为其他人的行为或言论侵犯到了她——萨柯经常这么认为——整个村子里都会回荡着她对被她认定为犯事者的人尖厉响亮又极其粗鄙的辱骂和吼叫。

萨柯的谩骂堪称一大传奇。当她和丈夫阿兰干仗的时候，她会用泰雅博语骂他"狗吐你一脸"以及"肏你爷爷的卵蛋","鸡巴上都是蛆"。对她那个她认为过于滥交的妹妹,她就冲她吼:"你走来走去就像一只豪猪一样,浑身上下都伸出鸡巴!"每当她俩吵架时,她就管她妹妹叫"鲇鱼屄"。她也经常跟自己的姐姐起冲突,有一次她骂她姐姐的"屄就像河岸的烂泥一样松松垮垮!"

萨柯的大型愤怒表演让她名传四方。她最令人叹为观止的表现发生在我到来的几个月前,当时她和她哥哥大吵一架,她走到自己刚造好的房子前——她丈夫和帮忙的村里人辛辛苦苦干了六个月——点了火,房子烧塌了,又抄了一把斧子一通乱砍。

萨柯死于2004年,她有遗传的颤抖的毛病,村里人将之归于她娘家那一脉的诅咒,但我认为那是亨廷顿病。(萨柯的母亲是索邦,是1980年代我刚开始在迦普恩的田野工作时在世的七个老人之一,她也饱受同样的疾病折磨,失去了活动能力。)我没有赶上萨柯病情恶化和死亡,因为它们发生在我不再去迦普恩的那将近十五年里,那些年的巴布亚新几内亚太危险,无法再进行田野工作了。

当我于2006年回到村子的时候,另一个女人担负起了照看我的主要责任。那个人就是达莫,我的小保镖阿玛尼的母亲。达莫是自动成为我的照看人的。当村民们决定要在哪里给我建第三座房子时(其他两座很久之前就在雨林风吹雨打的腐蚀作用下解体了),他们选中了达莫和她丈夫艾姆巴努以及六个孩子一起住的房子近旁的一块地方。这一近距离让达莫待我就跟亲人一样,每次她做什么吃的,都会带上我的一份,即便我还定期收到其他女人送来的食物,或被叫到她们家里和她们家人一起吃饭。

达莫和她的三个未成年的女儿也在我房子周围做了景观美化。她们耐心地拿一把铲子在地上除草,直到最后一片植被也不见了,房前屋后留下一片黑色裸土。每一次青草开始生长,铲子开始作业的时候，我就郑重表示实际上我喜欢屋前有草而不是一堆土，但永远被彻底漠视。达莫和她的女儿们出了名地固执己见，不会容许其他村民批评她们让我的房子 kamap bus，"变成一片丛林"。

1980 年代中期第一次在迦普恩长待时，我就认识了达莫，那时她还是一个二十岁的大姑娘，当时我没觉得她有什么特别之处。尽管在她的青春期和刚成年的时候，有一度她成了风云人物。和其他村民一样，她个子矮小、身体结实、肌肉发达。她总是懒洋洋的，腰背挺直，派头十足。她有一种邪恶的幽默感，会发出响亮的具有传染性的高亢的笑声。但她既能灵活变通，也会瞬间爆炸，雷霆大怒。达莫会去打猎，尽管在村里，一个女人打猎是非常不同寻常的事。她经常和丈夫一起，扛一把长矛，出去打野猪、袋狸和树栖负鼠，有时她自己一个人就去。我问村里人怎么看待一个女人打猎，他们普遍比较宽容，也能接受个人的古怪反常。"她喜欢就好。"他们通情达理地说。

就像我在美国的爱尔兰裔母亲会说的，达莫"太会骂了"。她的咒骂会让空气光芒四射。她有时也会开玩笑说她是萨柯的孩子，因为她和萨柯一样爱骂人。她呼唤孩子的时候，会漫不经心地喊出一句"阴唇在哪里？"，用来指她其中一个女儿，又或者冲她其中一个儿子喊，"卵蛋，你过来一下，把这把刀拿给你爸"。达莫的脏话创意无限。她热衷于骂人，也擅长于此。跟萨柯一样，她把脏话当成诗意。有时候拒绝丈夫艾姆巴努要求她做什么，她就会告诉他，"去来回翻翻你的包皮吧"。

有一次，达莫和艾姆巴努发生了争吵，因为艾姆巴努答应了一个沿岸村子的人，他和达莫会去树林里，弄一天的西米，然后把他们做的面粉糕给那个人。她丈夫希望回头那个人可以帮个忙作为报答。但之前达莫两次被这个人惹火，因为那个人答应要帮夫妻俩做什么事，却一直食言。她拒绝给这个人干活,哪怕一分钟也不愿意。那个男人的沿岸村子里的女人们会站在齐腰的红树林潟湖里捕鱼,当丈夫一直在她耳边唠叨个没完的时候,达莫会回击她丈夫和他朋友,说他们"出生的时候是从女人的屁眼里拉出来的,他娘的阴蒂被螃蟹剪掉了"。

在美国和欧洲等西方国家,也不乏嘴臭的女人。但在这些地方,会说最恶毒的语言和最难听的脏话的往往是男人。在迦普恩,这一极端是反着来的。在村子里,男人是要克制、不讲脏话的,而女人则被认为应该乐此不疲。出现这种情况的原因是男人(再一次颠覆了西方人的观念)应当是更文雅的性别。村里人说,男人比女人有更多知识(在皮金语里是 save)。男人应当是圆滑的、冷静的、有分寸的,也更讲道理。他们应该和他人分享,从不生气,不骂人,今天的话,基本上得是模范基督徒。当男人们在男人房子里发表长篇大论,讲关于集体劳动或碳交易,又或者是谁为什么生病了,看上去就要不行了的时候,他们喜欢把自己描述成公共利益的代表。男人会花大量时间拒绝承认他们和任何人存在分歧,并互相提醒他们所有人都达成了共识——即使有确凿证据表明,他们在所谈论的话题上南辕北辙。

另一方面,女人则被刻板印象塑造成火药桶和长舌妇。女人被认为不需要理解或为村子的集体利益考虑,因为据说她们没有知识。就像孩子一样,她们只有"头"(hed)。她们一碰上哪怕最微不足道的刺激也会勃然大怒,她们就该是爱骂骂咧咧的。

当然,这样的刻板印象掩盖了一个事实,总体来说男人并不那么冷静、擅长外交辞令,或讲道理。有的男人会像女人一样爱骂人,比如拉雅就是出了名的暴脾气。男人也会发火,会互相打架,经常暴力相向。这些争斗有时也许因女人而起,或是关于女人的,但互相攻击把村子搞得天翻地覆的往往是男人，尤其是在喝醉了之后，他们会操起大刀、斧头和用"弹弩"发射钢镖。

尽管如此，男人学会的一个屡试不爽的伎俩是让他们的妻子出面处理那些小纷争。这里的思路是这样的：如果我的表弟问我借了一把斧头没按时还，或还回来时刀锋或刀柄破损了，我不会亲自上阵——我会把斧头的事情告诉妻子，让她带着斧子去算账。当她开始冲我表弟骂脏话的时候，我可以退回到男人房子里，跟兄弟们嚼着槟榔隔岸观火，摇摇头，啧啧慨叹女人怎么这么爱吵架。

迦普恩的男人也会骂人，但他们骂得远没有迦普恩的女人来得多。而且今天他们如果骂人，不会用泰雅博语骂，而是用皮金语骂。

就总体的主题来说，用皮金语骂人跟用泰雅博语骂人没有什么分别。这两种语言里，下半身及其功能都在人们朝对方飙脏话时占据显著的位置。但一个区别是，用泰雅博语骂人时会用到极其复杂的动词词组（比如说"你妈生你的时候是从她屁眼里拉出来的，还带了一泡屎，这个时候天打雷劈！"这种话的时候，你既需要想象力，还需要语言上的敏感度）。而皮金语里的骂人话只需要由平淡无奇缺乏想象力的名词组成。这些词汇和泰雅博语里的脏话拥有同样的情感张力，但从语言学的角度，它们是无趣的。没有什么是接近诗意的。Pekpek as（"沾满屎的屁眼"）跟 wul（"菊花"）一样是一句常见的骂人话。

最流行的一句脏话是 kaikai kan（"舔屄"）。这个词组在迦普恩，跟英语国家里的"fuck"拥有同等地位：这句骂人话可以指向另一个人（就像"肏你"），也可以表达私人的沮丧或不满，比如你把一个鸡蛋掉在地上或者你要赶的列车就在你眼前关上了门的时候，你就会咕哝一句"肏"。

在迦普恩，"舔屄"在上述两种情况下都可以用。村里用得最多的人就是小朋友，他们没得到想要的东西的时候，就会很快用这句话来表达沮丧和愤怒。事实上，我深信，尽管村里人声称婴儿说的第一个词是 Okɨ（"我要离开这里"），时至今日，婴儿们说的第一个词其实是 kaikaikan（他们说的第二个词是 Giaman，"那是骗人的"）。

当一门语言萎缩的时候，当它复杂的层理像洋葱皮一样被层层剥掉，变得越来越小，直到最后什么都不剩的时候，这门语言也就死了。最先消失的是那些表示宇宙神话或模糊的亲属关系的当地人才懂的词语。这种层面的语言流失是大多数书写语言之死的语言学家和语言保育分子最痛心疾首的。它们代表着一门语言最威严、最受尊重也最耀眼的部分。

没人关心那些脏话，它们是语言学里的沙砾。

但我哀悼行将到来的泰雅博语脏话的失落。我为这门语言里这些信手拈来富有表现力的粗鄙诗意的消失而懊丧。有的脏话就像木乃伊化的套路词组一样会继续流传下去——即使村里十岁的孩子在别人做了他们不喜欢的事情时，都会冲人家吼一句 kwem petiek（"下流坯"），但他们没法很有创造力地使用这个词组。除了朝着某个人的方向大声嚷嚷，出口伤人之外，他们束手无策。

到了今天，能富有创意地使用泰雅博语骂脏话的人仅限于一小撮女人，这些女人四十多岁或更老。即使那些泰雅博语说得很好的男人也不情愿利用这门语言里的脏话武器库。或许因为他们不想听上去跟女人似的。又或许他们没有足够的想象力妙语连珠，没法那么容易地像萨柯这样的女人那样让脏话从嘴里倾泻而出。

在这个意义上，达莫确实是萨柯的孩子。她和其他少数几个村里的女人继承了萨柯诗意脏话的遗产。让人遗憾的是，她和其他的女人是最后一代能对丈夫说出这种话的女人："把你的西米塞进你

第九章　脏话里的诗意

朋友鸡巴的包皮里，拿一根线缝起来，这样他就可以用他的卵蛋运回他村里了！"

在她们之后，就只剩下"沾满屎的屁眼"和"菊花"了。

第十章

肝脏问题

Matters of the Liver

　　在巴布亚新几内亚人遭遇白人以前，他们是没有文字的。他们的历史和传统（及他们的语言）都是口述的。这些历史和传统体现在艺术和仪式里，由老人们记着，通过故事和祭祀活动代代相传。与识字伴随而来的是殖民主义，尤其是传教士给够多的人说的当地语言发明的正字法——字母表、书写方式——从而使传教士从零开始学当地语言的艰苦努力正当化。他们学习这些语言是为了翻译《圣经》，促成当地人改信基督教。此后，殖民政府在全国各地广设学堂，学生们被教会了如何用英语读书写字，这是巴布亚新几内亚的殖民宗主国澳大利亚的国语。

　　多数迦普恩村民从来没识过字，他们生活在传教士或殖民政府的关心焦点千里之外的地方。拉雅等少数几个老人1950年代在种植园当劳工时学过读书写字。从1970年代末到1990年代中期的十五年里，一个政府设立的很小的学校确实在旺安村存在过，距离迦普恩有两个小时的路程——一个小时步行穿过沼泽地，再加一个小时划木筏渡过红树林潟湖。在1980年代中期的鼎盛时期，也就是我第一次生活在迦普恩的时候，这个学校有三名教师，从一年级教到六年级。我在这个学校里待了几周，观察教学情况，走的时候倍感沮丧。这些老师——都是塞皮克河沿岸村子的男人——几乎不会说作为教学语言的英语，而他们使用的教学法完全就是翻来覆去的死记硬背。他们把句子（往往不合语法，意思也是错的）写在教室前面的小黑板上，教室是用柱子和茅草搭起来的。他们会大声念出写的板书，命令那些心不在焉地坐在树皮椅子上的学生重复念一遍他们刚讲过的内容。

迦普恩来的孩子只会偶尔去学校，因为他们看不出上学有什么意义。我也认同他们——很显然他们在雨林里玩乐嬉戏都能比无聊地坐在拥挤黑暗的教室里学到更多有用的知识。在教室里，品行不端的老师们会冲他们吼，会拿一根硬藤条以"不听话"为由任意鞭打他们。还有，这些老师会因为一些和学校无关的事情与诸多村民产生冲突而频频罢工。在1990年代的大部分时候，他们都没有教书，然后两个老师走了。剩下一个因为娶了当地女人而留在旺安的老师自2009年起就一天都没教过书。

就我所能判断的来看，在旺安社区学校还存在的那些年里上了这所学校的孩子们只学会了两件事情。第一件就是对村子里的生活不满。他们在教室里争相传阅澳大利亚人编写的教材，残破的书本里是高速公路和城市的图画及照片——这些小学生对从中窥见的富足生活甚至无从想象，但他们相信一定有什么地方就是这样的。

一些更勤奋的孩子在学校里学到的第二件事就是基础的文字技能。他们学会了读书写字。在学校里被命令朗读课文时，他们从来没有学会课文的意思是什么,因为这些课文都是用英语书写的,而且老师只是要求学生跟着他们重复朗诵,却并不要求他们理解任何张口说出的词是什么意思。

尽管从来没有受到正式的指导,一些年轻学生还是学会了用他们的读写技能来读写皮金语。村子里没有太多东西好读,除了一本叫《Niu Laip》(新生活)的天主教小册子,这是一个曾经来访过的神父带来分发给大部分村民的。但获得了读写技能后,一些村民开始给其他人写小条要东西。有几个还会像拉雅那样零星记下发生过的重大事件,尤其是标注上那些参与大型殴斗的村民的名字(记下这些事情可以让他们更容易地记清楚之后谁要用猪来赔偿给谁)。在1990年代的某个时候,一些聪敏的年轻人还给他们的读写技能发明了新的创造性用途:他们开始写情书了。这些信件开创了年轻人追求对方的全新方式。

但也正是因为情书里的字是写下来的,当搞混或出状况的时候,就很难再收回或拒绝。

在红树林潟湖中央,划船回家的路上,萨拉冈突然意识到,他给女朋友贝丝的那封情书是错的。他停了下来,伸手去短裤的后面口袋里核实。果不其然,他取出了写给贝丝的那封信。这意味着他送给贝丝的那封情书是写给另一个女朋友帕米拉的。

Kaikai kan。

萨拉冈把写给贝丝的情书放回了口袋,寻思着:"我该怎么摆平这个事儿呢?"他再次拿起桨,开始轻声唱起《梅里·莫罗贝》(《莫罗贝的女人》),一个叫斯瓦塔斯的流行组合唱的一首皮金语歌曲。他复盘了早上的事情,怎么都想不通怎么这么不小心,情书还能送错人。"Yu belhat long mi / na yu bin kolim mi clown"("你生了我的气/你叫我小丑"),他唱着,既困惑又自怜,冲自己苦笑。在纯净的午后日光下，他的独木舟滑过红树林潟湖的平静水面。

萨拉冈究竟要怎么摆平这个事情呢？他得参考在不同女友间周旋的经验。当然，他在这方面经验丰富。

萨拉冈是村子里的风流汉。他是一个大众情人，据说十九岁的时候就已经是两个孩子的父亲了，尽管他自己拒不承认。迦普恩的好几个年轻姑娘把萨拉冈当成男朋友。他随每一个姑娘自顾自喜欢，每次私下见面时，都让对方觉得自己是独一无二的那一个，尽管在公众场合他会傲慢地无视她们。

与大多数万人迷一样，萨拉冈算不上传统意义上的美男子。他长了一个宽大的鼻子，还有点往上翘，一双小眼睛对他那张木头似的大脸来说显得过于靠近。那双眼睛以及他看人时的锐利锋芒给了他恐怖的威严之感。但他有一张又宽又性感的嘴，笑起来的时候，牙齿会一路闪亮到白齿。他这么笑的时候，脸就会从嘴唇边往上起皱，眼睛会皱成两颗闪亮的顽皮的扣子。顽皮与威严的结合赋予了萨拉冈强烈的情欲气质。他会随性又自信地走动，那个神气十足的样子很明显，他随时随地都可以跟人上床。但他是一个以自我为中心又百般挑剔的人，因此很显然，他会有各种各样稀奇古怪的想法和规矩，使得和他做爱的经验既奇怪又费劲，但同时也让人如痴如醉。

萨拉冈是村里少数几个读完旺安社区小学的人之一。之后他入读塞皮克河上一个叫安戈拉的小镇里的一所高中。他上高中那一年，老师们大部分时间都在罢工，因为包括萨拉冈在内的大部分学生一直没有交学费。因此，萨拉冈在安戈拉的时间没有用来上学，而是都花在了泡妞上。

第一个学期过去没几个月，萨拉冈就从安戈拉走人了，因为他搞大了一个年轻姑娘的肚子，姑娘父母要他娶她。他逃回了雨林里的家，指望着女孩的父母不会在迦普恩找到他。回到村子里，他还继续跟安戈拉的其中一个女友（这个人就是贝丝）鱼雁往还，中间人是在塞皮克河用划艇上下运输槟榔的朋友。这些年轻人会来回传递贝丝和萨拉冈写给对方的信，把他的信捎给在安戈拉的她，把她的信送给萨拉冈在沿岸瓦当村的亲戚。这些亲戚最后会把信件带给在迦普恩的萨拉冈。

然而，即便萨拉冈的这把安戈拉爱火烧得如火如荼，他很快又找到了新欢——帕米拉——在邻村旺安那里。

命中注定阴差阳错的那一天，萨拉冈去瓦当参加村里新建教堂的开幕式，从远方的玛利恩堡传教站来的神父答应要来主持祝圣仪式。贝丝在信中告诉萨拉冈她会从安戈拉到瓦当和他见面。他知道帕米拉也会去，参加教堂祝圣仪式只是一个借口，其实是准备和男友享受鱼水之欢。萨拉冈知道，如果他在公开场合跟任何一个女友说话，都有被另一个发现的风险，结果就会很尴尬。于是，他给两个人去了信，建议之后私下约会——用那个有点离经叛道的短语来说就是"爱的邂逅"——此处应当有巴里·怀特[1]的歌声。

萨拉冈划了三个小时的木筏穿过红树林潟湖，一大早来瓦当参加祝圣仪式不久，他就突然撞见了贝丝。他无动于衷地从她身边经过，鬼鬼祟祟地把他以为是写给她的信递给了她。这一任务完成后，他意识到跟贝丝见面让他觉得紧张，不想多做停留，万一她坚持要跟他厮缠，没准这个时候他的另一个女友帕米拉会突然出现。

于是他就回到木筏上，划回了家。

回到迦普恩的家时，他认真思考了一番他的处境。他想到了有几种谎言也许能骗过贝丝。第一个想到的就是告诉她，这封给她的情书

---

[1] 巴里·怀特（Barry White，1944—2003），已故美国灵歌歌手。——译者注

其实是另一个人写给他的女朋友的，那个女朋友叫帕米拉，而他只是一个传信的，阴差阳错给了贝丝。但随后他就记起来他在信里写了好几遍自己的爱称"宋特"（夜晚的精灵）。

于是不幸地，这个选项被排除了。

然后他想出了一个更好的方案。他会告诉贝丝这封信真的是他写给她的，尽管"帕米拉"这个词看上去疑似一个女人的名字，但其实不是。这个词在他母亲的娘家话里是"真爱"的意思。所以每次贝丝读到"帕米拉"的时候，她应该将其理解成把贝丝称作宋特的"真爱"。萨拉冈的母亲生在一个远方的岛上。她是莫内的妹妹。父亲是1940年代在种植园做工的迦普恩男人，母亲是他娶的一个当地女人，跟着他回了迦普恩。萨拉冈知道没有办法核实他说的关于"帕米拉"的意思在他母亲娘家话里是否确有其事。

换句话说，这是一个精妙绝伦万无一失的方案。

尽管如此，萨拉冈还是担心计划有点玄，因为他给贝丝的信里没有任何关于她的地方。此外，贝丝只需要问问任何人帕米拉是谁，用不了多久就会发现那是一个居住在旺安村的年轻姑娘，每个人都知道她跟萨拉冈睡过。

最终，萨拉冈想到，也许他什么都不做比较好。或许甚至更好的做法是，他应该像那些陷入困境的村民们常做的那样，"逃跑"到另一个村躲一阵，直到一切风平浪静。

卢克也是一个勤勉的情书写手。卢克和萨拉冈同年，都是十九岁，他从来没有在村子外待过很长时间，但他家里有好几个哥哥，都能读能写。卢克的大哥是摩西，就是那个一手策划了2007年村庄灭顶之灾的人。他用学来的读写技能绘制了村庄的地图，给英国的一家邮购公司写了信，那家公司专门售卖那种能帮顾客实现夙愿的神奇咒语。

卢克的二哥拉法尔是村里负责祈祷的领导者。他定期阅读《新约》——他最爱的诗篇（事实上，也是村里每个人最爱的诗篇——也是他们唯一能引述的，尤其是对我）是"马太 7.7"："Yu askim bai yu kisim"（"你们祈求，就给你们"）。拉法尔是住在玛利恩堡传教站的神父的联络人，有时他会写信询问神父什么时候会来这一带，或者问他要汽油开电动皮划艇去玛利恩堡办事。

卢克的三哥科塞是村里的"警察"头头。这只是一支完全有名无实的队伍，由四个人组成，没有什么权力，除了抱怨没有制服，他们向来无所事事。"要是我们有制服就好了，"每当有人注意到，出现暴力冲突或有人发酒疯的时候，所谓的警察永远不见身影时，他们就会如此哀叹。实际上，如果事端牵涉到和警察相关的人（在迦普恩这样的地方，几乎是一定的）——又或者牵涉到警察自己（这也经常发生）——警察们一定会"逃跑"，消失一阵，直到冲突平息。

尽管如此，在我特意送给科塞的笔记本里，他偶尔会记录下纠纷报告，比如偷槟榔和村里打架斗殴的要紧情况。

至于卢克自己，他唯一写的东西往往就是情书。

跟萨拉冈一样，卢克也深受迦普恩和邻村年轻姑娘的欢迎。然而，萨拉冈不到二十岁就已经是老油条一个，而卢克给人的印象则如天使般天真。他比村里大部分同龄男性长得都瘦，看上去更有少年感，比他的实际年龄小上几岁。他长了一张圆圆的娃娃脸，眼睛大大的，嘴唇上像是有一抹毛茸茸的小胡子。卢克不像萨拉冈那样认真地盯着人看。卢克看着你的时候，往往会收起下巴，眼睛往上看。他仿佛同时具备忧伤和诙谐的特质，就像那种众所周知的小男孩，被人发现一只手正伸进饼干罐。

如果萨拉冈是迦普恩的马龙·白兰度或米克·贾格尔的话，卢克就是村子里的詹姆斯·迪恩。

卢克在勾引年轻女人方面同样有一手。跟萨拉冈一样，他有好几个女朋友，他得想方设法记住每一个——同时让她们彼此分隔。跟萨拉冈一样，卢克也写情书给女朋友安排见面。卢克写的信和萨拉冈写的不同。萨拉冈的情书开头会用皮金语写下马文·盖伊[1]调调的句子，比如"Gutpela sweetpela love de stret long yu"（"即将迎来和你在一起的甜蜜一天"）。他会用英语大写字母写下诗意的华丽辞藻作为结束。萨拉冈并不懂这些华丽辞藻的含义，但他喜欢它们听上去的那个调调。有一个结尾写着："你已占据了我的心。"另一个结尾写着："我无时无刻不想念着你的声音。"

卢克则更迂腐，也更少修饰。在一本他从学生时代留下的旧笔记本上，他用英语写下他认为格式规范的情书。一封写着：

亲爱的，

不知道你那里是什么情形。我希望你百分百安然无恙。此刻，我希望，你正在和你的朋友们享受生命的美好，这一次我没有什么太多要说，我只是想让你知道，我真的很想和你做朋友。我想试探一下你的想法。你想让我跟你做朋友吗。那好。你不想让我跟你做朋友吗。那好。Makso replly my letter with Person name

最后这句"Makso replly my letter with Person name"的意思是："把你的回复给那个带给你这封情书的人"。卢克对这个段落颇感自豪，在给五个不同年轻女人的信里都逐字照搬了这一段。有时他在给同一个女人的信里也会重复这一段。在一封写给一个叫玛格丽特

---

[1] 马文·盖伊（Marvin Gaye，1939—1984），美国歌手、作曲家。——译者注

的女孩的信里，他用皮金语开头，说玛格丽特没有回复他前一封信，"我在想那是因为你看不懂英语"。他用皮金语邀请她来迦普恩，然后在结尾用英语重申了同一段话，尽管他已经明确知道玛格丽特看不懂——因为她不懂英语。

尽管很生硬，但若跟其他年轻人写的比较一下的话，卢克的书信体很有莎士比亚的味道。普克斯，村里一个二十三岁的年轻人在写给一个年轻姑娘的情书里，用他记得的学校里教过的称呼语开头："先生您好。"之后紧跟的永远是用皮金语写的直截了当的话（以及富有创意的大写）："你好，早上好，或下午好。我想要你（mi agt TinTing long yu），我只是想问你对我有没有意思，直接告诉我吧，告诉给这个带给你这封信的男子。"[1]

普克斯的表弟孔嘉二十岁，也用皮金语写类似的求爱信，附在又长又绕的要求里："安杜瓦拉我想你我只是想问你对我有没有意思好吧回我的信我只是想问你有没有读到有没有想我好吧直接告诉我吧我会知道你对我有没有意思的我只是问问。"

为什么我对这么多年轻男女的私人通信内容了如指掌，而且能这么一本正经地把内容透露出来？

那就是通过我认为的人类学的看家本领。

情书是一种相对新近的事物：1980年代中期我住在迦普恩时还没这回事。那个时候，村民们唯一能用写字能力做的事情就是给其他人写小条（尤其是写给我），索要他们不好意思当面要的东西。我生活在村子期间，除了日常登门被人索要东西之外，会收到源源不断的

---

[1] 此处的英文原文为"Hello AND Really good morning or Afternoon to you. I Want you (mi gat TinTing long yu) AND I'm JUST ASKING you IF you lust (las) after me, alright tell me straight tell the man who brought this letter to you"。——译者注

手写小便条，告知我写信的人有点"小麻烦"，比如"一点米"（翻译过来，意思通常是写信的人想让我送他或她一袋五十磅重的大米）、"一点小钱"（通常是几百基纳，用来买葬礼上请客吃的猪）等。

2009年我再次回到村子长待时，写给我的要一点米、一点钱、糖、咖啡、盐等各种东西的便条依旧络绎不绝，但一些年轻村民也会互相写信，建立并维护关系，安排"爱的会面"。大多数年轻人不写情书，原因很简单，他们当中大多数人还没有足够的书写能力写信。他们以旧的方式安排和年轻姑娘的约会，通过媒人或周围没人时悄悄跟她们说话。但那些会写情书的年轻人会互相探讨，分享表达方式（卢克的开头段落"亲爱的，不知道你那里是什么情形。我希望你百分百安然无恙……"尤其受到青睐，出现在了好几个年轻人的多封情书里），他们还会让对方当传信人，也盼着能从收到这些信的姑娘那里得到书面或口头答复。

我听到过小伙子们讨论他们写的信，看到他们坐得很近，一起咯咯笑着，查看被虫蛀得一塌糊涂的笔记本，里面是他们自己撰写或抄下来放进情书里的表达方式。我一心想知道这些信长什么样，是用哪种语言或哪些语言写的。但我想不出什么让他们展示给我看的好理由。

然后我灵机一动，想到了一个别出心裁的方案。

2009年在村子里待到一半时，我去了澳大利亚一周参加一个会议，在那儿的时候，我买了一个可携带的小打印机和一盒纸。回到迦普恩时，我把打印机和我的太阳能笔记本接在了一起，广而告之我能把任何一封手写信件传输成精美的打印版情书。获取我的打印服务的条件是，原件归我保管，我可以将之用于我的工作内容，如果我想的话，可以拿出去发表。

我解释给小伙子们听时，他们一脸不解，怎么会有人对他们的情书感兴趣。他们习惯了看到我跟老头们探讨他们没人能说的土话。他们写给姑娘的信没什么好看的，不过是微不足道的垃圾，他们一脸尴尬地告诉我。但等看到自己辛辛苦苦用褪色的圆珠笔写在皱巴巴的纸片上的东西，变成了打印在挺括的白色信笺上的整洁书信，他们就开始拿着情书涌进我家了。他们还会满腔热情地跟我讨论，认真解释诸多缩写的意思［比如宋特（Sont）是"夜里的精灵"（Spirit of Night Time）的意思］，跟我分享和他们写情书的姑娘的关系细节。我会向他们展示打印他们信件的字体，让他们自己选择最喜欢哪种。最让我惊讶的是他们选的是我认为最花哨也最像花体的一种字体，叫"法式手写体"。

姑娘们也写情书，要么是回复收到的情书，要么是在主动结识她们心仪的小伙子的时候。跟小伙子们一样，姑娘们也有五花八门的书信书写风格，有更直截了当的，也有更平淡无奇的。她们频频谈起她们写信的那个小伙子是她们的肝脏。这是巴布亚新几内亚语里心脏的同义词。在巴布亚新几内亚，感情是从肝脏流出来的，而不是从心里。或许法式手写体最接近这些年轻人写情书时肝脏的颤动。来自瓦当的玛格丽特，也就是卢克认为看不懂英语的那个姑娘，有一次用皮金语给他写信说："我真的很渴望（mi wari tru）看到你的脸。所以第三学期的时候，我会来迦普恩。MBAW（卢克的爱称，是他的泰雅博语名字 Mbawi 的缩写），我只是来逛逛，不留下吃饭。我真的一直想见你第三学期我就会来见你我的肝脏 Mbaw 哥哥。"（"哥哥"和"妹妹"在情书里是你侬我侬的呢喃，不代表亲属关系。）

相比小伙子，姑娘们更常通过情书来评估男人对她们的情感深度。有一个姑娘给一个小伙子写了封信，她听说那人对她有意思。在信中，她表示有人告诉她这个男人对她有兴趣，她认为那"挺好的"（orit）。但她想知道的是："我想问你你在这儿有没有女朋友。如果你在这儿有女朋友那好回封信直接告诉我我在这里有女人。"

那个年轻人回信说他一个女朋友都没有，然后这一对约好了会面。几个月后，他俩结婚了。在迦普恩，这不过意味着他俩开始成双结对去雨林里一起弄西米粉，以及夜里睡在同一顶蚊帐里。

萨拉冈的女朋友们写给他的信里也充斥着同样的关切。在那次乌龙事件之前，贝丝用皮金语给他写过一封信，她发现安戈拉有人传言他把同学的肚子搞大了。"宋特为什么我和你做爱（prenim yu）的时候你应该告诉我你已经有一个女人了而且你还跟她有了一个孩子。宋特说实话当我听到的时候我的肝都碎了。"（萨拉冈回信承认了她提到的那个女人确实曾是他的女友，但他拒绝认为他应为致使那个人怀孕负责。那个女孩有"一个秘密男友"，他隐晦地写道，而且那个没道出名字的男人才是她孩子的父亲，而不是他。）

帕米拉在写给萨拉冈的信里也质疑了他俩的关系。一封信里有一段长长的英语段落，"宋特太阳从西边落下的时候我记得你的行动我没有跟任何人说我哭过。有时在课上我在想你我听不进我老师说什么。我不知道你爱我还是不爱我。我给你的爱是雨从云里落下来的就是我对你的爱。你接起来喝掉。"信里接下来是皮金语"求你了宋特哥哥如果你喜欢我或不喜欢也好你给我回封信寄给我。"

男人和女人的情书都包含加密信息。村里人只会在纸的其中一面写信。原因是迦普恩没有信封。信写好后，会折成方形，收信人的名字会写在上面。不过，有经验的情书写手如萨拉冈或卢克经常会在空白那面上添枝加叶，萨拉冈告诉我那是所谓的"表达"。包括一些幽默诙谐的话，比如"行动胜于雄辩"或"我永远不会一个人想你"以及一些"情话"，如"当一轮金色的太阳从东边升起西边落下，你边想我边泪如雨下"（帕米拉在她写给萨拉冈的信中用了这一表达的变体，显然这一表达流传很广，年轻人似乎很喜欢）。

在信的空白页上，写信人也会加上城镇或国家的名称或词语，心领神会的读者会明白那是需要识别的首字母缩写。梅朗安是村里一个二十岁的年轻人，他有一本笔记本，会在上面记录一些流行的首字母缩写的意思。譬如，根据梅朗安的注记，YAM 的意思是"你是我的"（You Are Mind.）。意大利（ITALY）应该被解读成"我真的永远爱你"（I Truthly Always Love You）。WABAG，巴布亚新几内亚的一个高原小城，代表的是"我们是男孩和女孩"（We Are Boys And Girls.）。BOGIA，东海岸的一个定居点，很神秘，意思是"意外中的男孩或女孩"（Boys o Girls In Acident）。还有更神秘的。韦瓦克（WEWAK），迦普恩所在的那个省的首府，是"吃东西的时候我们一直接吻"（When Eating We Always Kiss）的首字母缩写。剑桥（CAMBRIDGE），很让人费解，意思是"随时过来，但记住我没有忘记另一个"（Come Any Moment But Remember I Don't Forget Another）。一个叫马努斯（MANUS）的离岛是"椅子下的男人永远裸体"（Man Always Neked Under The Chair）的缩写。

把情书搞混的第二天，萨拉冈匆匆逃出迦普恩以避免可能发生的场景，躲去拉姆河近旁的一个村子——在雨林跋涉七个钟头就到了——他在那儿有一个高中时认识的朋友，可以住他那里。然而在出迦普恩的路上，他千不该万不该偏偏遇上了贝丝，她来迦普恩看他。

从她身边经过时，她把一信封递给了他。

贝丝的信用的是从学校练习册里撕下来的双页纸，再加一个单页。她要不就是读了他的信但没明白不是写给她的，又或者她压根儿就还没读。她的回信爱意满满，没有提到他那封信。"关于你的记忆将成为我一生的故事，"她用皮金语写道，并用英语作结："我爱你。"

在背面她写着"我多么♥你"。到了朋友的村子后，萨拉冈读了这封信，心头的石头放了下来，把行程缩短，四天后回了迦普恩。

然而，就在要进迦普恩时，命运再次让萨拉冈和贝丝遇上了，贝丝正走在通往红树林潟湖的小溪的路上。她正要离开。经过他身边时，她把另一封信塞到他手里，生气地低声说："现在我们都知道了你和你女朋友的所有秘密。"她递给萨拉冈的信很短，是用红墨水写的，村里人告诉我，在情书的神秘语言里，这一颜色象征着愤怒。很显然贝丝已经读过萨拉冈在瓦当时给错的那封信，她很不高兴。"亲爱的帕斯纳〔意思是"对象"（partner）〕是其他人的不是我的，"她的信以英语尖酸刻薄地开头。继而她用皮金语言简意赅地写道，翻译如下：

> 我收到了你给我的信不是写给我的信是写给你心爱的女孩帕米拉的你告诉她你喜欢她多过喜欢我那没什么，不要担心。这是上帝的安排（在写给帕米拉的信里，萨拉冈大书特书是上帝的安排让她和萨拉冈在一起。他还从卢克那一堆情书里照搬了一句话，"帕米拉我对你的爱就像母亲爱护小宝宝"）昨天夜里上帝召唤了我告诉我帕米拉按照我的计划来了。你真的很糟糕把给她的信给了我我读了我真的很生气如果你把信给了她我不会生气。所以你不用为我担心，她是你的真爱。很好我不是你的菜你说这是上帝的安排。你喜欢她就像你刚出生的宝宝。而且你喜欢她多过喜欢我。这不是什么错误因为这是上帝的安排。你的心（萨拉冈在写给帕米拉的信里用了英语的"heart"）为她碎了。真的谢谢你我没有什么要跟你说的。

贝丝用英语结束了她的信："一切都结束了。"她签了名："阿玛村的傻瓜贝丝,因为没有类型但是有爱。"

读了贝丝的信,萨拉冈的脸沉了下来。看样子这场游戏是黄了。我问他准备怎么办。他说他得当面和贝丝说清楚。他厌倦了写信。他会向她解释,他还是个年轻人,还没结婚,如果他想的话就可以有其他女朋友。她得接受。他在脑中想象着这一场景,突然振奋了起来,亮出了鳄鱼般的挑逗微笑。她会接受的,他说道,脸上带着一种得意洋洋的自信,只有真正心碎的人(或者用他的话说,真正肝碎的人)才会在这样的情况下挤出如此的笑容。

但萨拉冈坦诚道,说实话,他有点厌倦要成天取悦所有女友了。我回到自己国家的时候,不能试着给他找一个女笔友吗?他可以给她写信,告诉她可以坐游轮来迦普恩,那游轮每半年来一次,在瓦当停留几个小时。他会等她。

然而应该很难认出她,他若有所思地告诉我,考虑了一会儿后挠了挠头。萨拉冈笑容明亮地说,因为毕竟所有的白人几乎都长得差不多。

第十一章

年轻人的泰雅博语

Young People's Tayap

做了那么多年人类学田野工作后，我得出了一个结论，成为一个成功人类学家的要诀就是坚持逗留到让人生厌。因为人类学的整个目的就是试图不光理解人们说了什么，还要理解人们实际上做了什么（要搞清楚这两项活动往往是不同甚至矛盾的），一个人类学家很少只是采访一个人或递出一张问卷，然后就走人。相反，我们会待上一会儿。为了做好这项工作，人类学家得具备一项天赋——或发展出一项技能——不招人眼目地逗留。

对于身涉其中的每个人来说，逾期逗留到让人生厌是一个痛苦的过程。想象一下跟一个人类学家交朋友，有一天他突然出现在你家附近，广而告之说他要写一本关于你这样的人的书。出于礼貌、好奇或同情，你也许会邀请他某天下午一起吃顿饭。人类学家会早早就到了，把一顿午饭拉长到一个下午，留神专注地听你讲你自己的故事或任何其他事情。突然，你会发现你不知怎么就把他邀请到你家吃饭了。他会跟你爱人友好地开玩笑，跟你的孩子们玩耍，对着你的鹦鹉咕咕叫，变成你家狗子最好的伙伴。所有的杯盘碗碟都洗好收起来后，你转过身发现，那个人类学家还在你家厨房里，或客厅里，眼睛明亮，一脸热情地待着。最终，你会宣布说你累了，得去上床休息了。人类学家会礼貌地离开。第二天他又会出现在你家门口。

第三天也是。

从人类学家的视角来看，这种长毛狗一样的行为的目的就是把你磨平——帮助你了解一个人类学家不想每次都像客人一样被特别招待。他想被当成一个不引人注意的平常人：倒不是说要像家人一样，而是更像一件舒服的家具或一株盆栽棕榈。

这一角色——用这个学科的术语来说，美其名曰参与式观察——建立的过程不是那么令人愉悦，田野工作最糟糕的部分永远是最初那几个月，那时每个人都在探测哪些是可以被接受的边界。我记得很多很多次在不同的做田野调查的地方，我和素不相识的人坐在一起，在一个空咖啡杯或一盘被扫荡一空的食物面前寻思着，"现在他们真的很想让我走吧"——而且会刻意抗拒发现这一点后正常明智礼貌的后果。我知道如果我再多逗留哪怕一会儿，就能更快向不知所措的招待我的人传达，我不需要他们照顾，我人畜无害，如果他们继续该干吗干吗，完全不注意我，我也丝毫不会介意。

事实上，这就是全部的要点所在。

1980年代我第一次长待迦普恩的那十五个月里，我有上百个小时都在逾期停留，大部分时候都在记录母亲及其他人是怎样和婴儿说话的。我遵循一个严格的日程安排：一周三天，我会天不亮就到五个感到困惑的家庭之一那里,他们同意我录音,我就带着我的录音设备和笔记本坐到一个不招人眼目的角落里。有时我跟着妈妈们和她们的孩子一起去其他人家里或园子里,有好几次,我跟着一对已婚夫妇,他们带着孩子去雨林里砍西米棕榈树,加工西米粉。不过大部分时候,我会在屋子角落里坐上一整天,一有什么有意思的事情,我就打开录音器,做好记录,比如孩子和来来去去的大人的名字,他们说话的时候和他人的关系和所处的位置。

坐在房间里时,我并不会假装自己是趴在墙上的苍蝇———一整天里,我和他们一起吃饭,和妈妈、她的孩子以及任何路过或过来串门的人聊天。有小孩子或往往连着孩子母亲一起在午后的烈日下睡着时,我也会蜷缩在地板上打个盹儿。

我会待到天黑,屋里什么都看不清时才离开。第二天早上天不亮我又来了。

通过几百个小时和照顾婴儿的人以及孩子们待在一起,我所做的记录和观察让我得以理解泰雅博语是如何消亡的。在我 1980 年代末写的那本关于村里语言情况的书里,我讨论了泰雅博语向孩子传输的渠道是如何无可避免地被割断的。我预测我所认识的十岁以下的孩子这一代人永远不会学泰雅博语,我也预见到了除非有什么奇迹发生,泰雅博语很快就会永远消失。

2009 年,自我 1980 年代末第一次长待后,我回到了迦普恩,自然很好奇地想看看,我做过的关于泰雅博语消亡的预言有没有应验。1980 年代我记录了语言掌握程度的那些孩子现在已经是成年人,他们中许多人也有了自己的孩子。在我离开这个村子后,这些孩子有学习掌握泰雅博语吗?这门语言真的在消亡吗?还是比我所预测的更顽强?

第十一章 年轻人的泰雅博语

多数研究者往往把自己学术事业的赌注押在永远正确上，跟他们不同，我则抱有很高的希望，巴不得自己关于泰雅博语的预测是完全错误的。如果发现我误判了村子里的情况，泰雅博语这门极小的语言不仅没有消失，反而壮大了，那将给我带来巨大的喜悦。我甚至幻想过在我要写的这本书的标题里就宣告我的错误。现在我已经忘了那个标题是什么，但我记得里面有"弹性"或更烂的"浴火重生"这样无病呻吟的词语。

当我再次在村子里安顿下来，我想着应该很容易就能发现年轻人到底还说不说泰雅博语。然而，即便过了三个多月，我发现我还是无法准确判断年轻人到底有没有掌握这门语言。

每当我问年轻人他们说不说泰雅博语，他们都告诉我他们是说的。问题是，我从来没听任何人真的说过。偶尔，我会听到一个年轻人蹦出一两个泰雅博语里的习语，像"让开"或"你要尿了"（因为我要打你）。这些话通常让一个场景显得很滑稽，而且经常伴随着欢笑。我好像还感觉到，每当二十五岁以下的村民用泰雅博语哪怕只说一句简短的习语时，他们就会转变声调，仿佛在暗示他们是在引述或模仿另外一个人，通常是在嘲笑他们（比如一个大男人的权威腔）。

每当有年轻人告诉我他们会说泰雅博语时，我就会让他们告诉我用这门语言互相说些什么，他们会列出一些词，比如 mum 和 tamwai（分别是"西米啫喱"和"西米饼"），以及一些基础的习语，比如命令别人给他们递槟榔或烟过来。

迦普恩到处还是能听到泰雅博语。上了五十岁的男人和女人会习惯性地用这门语言（即便他们还是会在泰雅博语和皮金语之间切换），有几个三十几岁或年纪再大一点的男人和女人还会频繁运用泰雅博语，和他们的孩子说话时也包括在内。甚至村子里的小孩子也能听懂大人一如既往呼来喝去的命令，让他们去取东西、打狗、让路、停止哭泣，诸如此类。

很显然，2000年代末期，泰雅博语还在迦普恩使用，同样显而易见的是，年轻人都能听懂这门语言，因此很长一段时间，我以为年轻人的泰雅博语水平真的很不错，就像他们声称的那样。我懊恼的是似乎从来没有在对的时间和对的地点听到他们真的说这门语言。

我开始好奇，我没有听过年轻人互相之间用泰雅博语讲故事或问问题的原因是，他们大部分时候都在年纪大的说得更流利的人听不到时才说这门语言。我猜测，也许他们很惭愧，觉得自己说得不够完美。又或许对于他们来说，泰雅博语已经和特定的社会事件绑定在一起，比如同性间说八卦或在雨林里闲逛的时候——这类说话场景出现在只有一群年轻人，远离爱管闲事还爱品头论足的父母和老人时。

为了验证情况是不是这样，那次长待时，我花了很长时间和十四到二十五岁的年轻人待在一起。我经常陪着小伙子们去雨林里用弹弓打鸟，他们一群人出去完成各种秘密仪式时，我也跟着，他们说这类仪式可以洗涤他们的身体，让他们变得更强壮、更迷人。

我也花大量时间和姑娘们待在产房里——那种小小的不结实的草草搭起来的茅草房，建在村子的边缘地带。一个女人待在产房期间，没有男人能过来看她们，甚至看一眼她或她刚生的孩子也不行。不过，一整天里都会有女人来访，通常陪伴她们的是她们的妹妹和她们自己的宝宝。她们会带来食物、水，还会带来村子里正在发生但新晋妈妈被排除在外的大事小情。

就性别来说，我不方便跟新妈妈和其他年轻女人一起坐在产房里，但村里人把我这么做的热情视为那不过是一个白人男子的怪癖。迦普恩的每个人都深信，我和女人的"热量"有如此近距离的接触，一定会染上致命的哮喘。女人分娩的时候，在村里人看来，会喷出无穷无尽的血液和子宫液。由于血液喷涌而出，女人和她们刚出生的宝宝会带着大量"热量"颤动，以至于她们对自己来说都是一大危险：为了保护自己免受伤害，新妈妈们不能碰自己吃的东西——她们得用小钳子或汤匙。每次我纳闷地问我真的会发烧或感冒吗，总会有村里人在边上惋惜地摇摇头，让我想想自己有多蠢，居然让自己冒着摧残支气管的危险，坐在一个刚生了孩子的女人旁边。他们告诉我，当然，也许我可以服用白人的特殊药物来抵挡子宫热量的摧残（这是他们认为我能扛住这股强劲热量喷射的原因），但他们很确定，迟早我会开始飙血。

尽管他们预期我很快就会把两个肺都咳出来，村里的男男女女似乎也很喜欢我去产房。男人喜欢是因为我会给他们拍刚出生的宝宝的照片。直到我把照片给他们看的时候，我才意识到，在我来之前，成年男性从来没见过刚出生的宝宝。男人们很不安（难道新妈妈的热量还能透过一张照片污染到他们吗？），但他们也很着迷。"耶！"他们说，脸上是那种担忧和惊觉的表情，"看那个。耶，他们的皮肤真的很黄。"女人们总是很欢迎我，因为我给她们带来八卦和故事。她们也喜欢看自己和宝宝的照片。通常我还会带上一点煤油，放进一个简易的锡灯，这样一来，新妈妈和宝宝就不用在一个寂寞的风雨飘摇的茅草屋里忍受漆黑的漫漫长夜。

因为我花很长时间和年轻女人一起待在产房这样的地方，也花大量时间和年轻男人在一起，比如他们去雨林里进行某种秘密宗教仪式的时候，过了几个月，我发现，迦普恩的年轻人几乎从没说过泰雅博语。发生在二十五岁以下年轻人间的对话，在所有的情境下，清一色用的是皮金语。年轻人只会说一些村里很通用的泰雅博语词，在很多情况下这些词没有对应的皮金语词（譬如，表示森林里各种鸟类和植物的词）。有时他们确实会用一些习语来威胁孩子、引发幽默或在任何非本村人在场或能听到的时候"讲悄悄话"。但也就是这样了。年轻人不用泰雅博语聊天、叙述、八卦、争吵、讲笑话、讨论奸情或任何其他事情。

我开始好奇，想知道，年轻人不说泰雅博语是不是因为他们压根儿就没掌握这门语言。为了验证这一点，我开始让成群的朋友，一次两到三人，夜里到我家用泰雅博语讲故事。因为我知道，到了那个时候，年轻人彼此之间不说泰雅博语，我预期这项任务就像虎口拔牙。

相反，出乎我意料的是，那就跟切黄油一样轻而易举。

不光是年轻的村民很热衷于讲泰雅博语，事实证明除了年纪最小的人，他们都**能**用泰雅博语交谈。许多叙述都很短，而且大部分都在说话人的亲戚朋友的帮助下。他们会一起坐在地板上，帮那个说话的人回忆哪个东西怎么说，哪个动词的词尾是怎么变化的。但从这个讲故事环节中凸显的是，村里所有过了十八岁的年轻人都能积极掌握这门土语，甚至有几个人掌握程度相当之高——即便他们从来不用。

有几个二十五到三十岁左右的年轻人能说非常流利的泰雅博语。他们说故事的时候基本可以做到不假思索，有非常广阔的词汇量，会用各种时态和动词变形（在泰雅博语里这些变化通常是不规则的，词尾很难正确变化），还掌握了其他语法特点，说明他们的泰雅博语掌握程度出乎意料地高。真正让人好奇的是，在这类场合以外的地方，他们从来不表现出他们掌握了这门语言。有一次我问梅波，一个二十六岁的女人，她觉得她二十五岁的丈夫奥本的泰雅博语水平怎么样，梅波轻蔑地笑了。"哦，他一塌糊涂，"她告诉我，"他不会说泰雅博语。"

后来我让奥本用泰雅博语给我讲个故事。他几乎毫无瑕疵地跟我讲了他和他哥哥怎样在雨林里打猎，并刺中了一头猪的事情。事实证明奥本是村里泰雅博语说得最流利的年轻人之一。他妻子已经和他结婚十年，而且他俩从小一起长大，认识了他一辈子，却坚信她丈夫不会说泰雅博语，这一点让人惊叹——但也很能说明问题。

我遍寻语言学文献，想给奥本这样的人找一个标签，但什么都没找到。奥本不是那种所谓的被动双语者，因为他的语言水平已经相对高阶。像奥本这样的人也不是研究濒危语言的语言学家们所说的半说话者（semi-speaker）。半说话者指的是那种正在消亡的语言的使用者，他们能完美地被动掌握这门语言，也能完美地用这门语言沟通。换句话说，他们能听懂流利的使用者跟他们讲的所有事情，也能飙出一堆短语，以一种在文化上妥当的方式回应。半说话者零零散散地蹦出几句巧妙句子，说笑话、打断别人的话、积极参与别人的谈话，这样的能力是具有欺骗性的，往往掩盖了一个事实，他们实际上说不了太多。那些研究濒危语言的语言学家报告过一些案例，他们和半说话者的工作给整个社群引起过极度的尴尬。语言学家让这些半说话者做语言流利度测试，因为他们假定这些人都说得很流利（看过他们和一些说得很流利的人对话，而且说得很流利的人也把他们视为流利的语言使用者）。真到了语言测试的时候——让每个人大跌眼镜的是——大家都认为说得流利的人实际上连一个语法正确的句子都造不出来。

像奥本这样的迦普恩年轻人不算是半说话者，部分是因为他们能组合出语法正确的句子，也因为他们实际上从来都不用泰雅博语对话。当年纪大的人说泰雅博语的时候，他们会积极加入对话，但说的永远是皮金语。除了指示性的事物和几个习语如"给我槟榔"之外，他们从来就没说过泰雅博语。

与其把迦普恩那些会用泰雅博语讲故事的年轻人称为被动双语者或半说话者，我更愿意称他们为"被动积极双语者"。这一标签的晦涩缠绕似乎很适合形容这样一类说话者，他们掌握足够的第二语言的语法和交流能力，也能使用那门语言，但实际上从来没用过，因为社会和文化因素使得这么做没必要或不受欢迎。

所以那些因素是什么呢？部分来说，是在这个村子里与泰雅博语相联系的那些事物：婴儿般固执任性的暗示、女里女气的冲动暴躁，还有祖先们那一套古老的不文明的生活方式。

但除此之外，那些能说流利泰雅博语的人不会去鼓励年轻人说这门语言，相反，只要逮到机会就会批评他们。只要这些老人一听到发音读错或一个词说错，他们就要跳将起来。

有一次，我坐在二十八岁的博尼卡旁边，她在用芦苇编织篮子。我问到篮子的把手用泰雅博语怎么说，她说"nariŋ"。

一听到这个，博尼卡五十岁的父亲就过来纠正她。"不是 nariŋ，"他用皮金语干脆利落地说道，"那是旺安村人的说法。在泰雅博语里，叫 merom。"

博尼卡不悦地回应："我们不懂你们的语言。"她用皮金语回击她的父亲，"你们所有人都叫 nariŋ，我们跟着你们。如果你们教了我们用泰雅博语怎么说，我们就会知道。"

几个月后，博尼卡来了我家，用泰雅博语跟我讲了村里每个年轻人的事情。我震惊了。八个月来，我每天都能见到博尼卡，和她一起出现在形形色色的场合。我很主动地听着，想找到任何她说泰雅博语的蛛丝马迹。但除了"放着那个别动"或"我的网袋在哪里"这样的话，就从来没有听过更复杂的。

听到博尼卡用无可挑剔的泰雅博语讲故事，我问她为什么明明懂这门语言，却从来不说。"我觉得很羞耻，"她告诉我，害羞地笑笑，"如果我说错了什么，被一个老人家听到了，就觉得很丢脸。他们会嘲笑我，会说'哦，你们都只会说皮金语，不懂泰雅博语'之类的话。所以我就觉得很丢脸不说了。"

其他年轻人也跟我说了同样的情况。"他们嘲笑我们，"年轻人说，指的是那些四十来岁和年纪更大的村民，"他们会说，'哦，他是别的村子里长大的'，或者'哦！这个不懂村里土话的白人小孩'。他们会嘲笑我们。所以很难用土话回答，我们就混着说。"

我一次又一次发现，年轻人跟我说的是真的。父母依旧会指责孩子们不会说泰雅博语。他们的声音里带着一丝讽刺意味，说他们的孩子都变成白人了，因此他们只会说白人的语言——皮金语。当被这样讥讽时，年轻人会反唇相讥。他们说他们不会说泰雅博语都是父母的错：年轻人会利用学校冷板凳上、老师命令他们逐字背诵的那些语句里学来的教学关系坚持说，如果他们的父母教过他们泰雅博语，他们就会说。

这种互相责难的结果就是泰雅博语离坟墓愈来愈近了。

以上就是我最后发现的1980年代中期跟我在一起待了那么久的孩子们后来发生的情况。他们所有人都掌握了部分泰雅博语，有几个人变成了被动积极双语者，泰雅博语水平非常高，但从来不用。也许随着年岁渐长，像博尼卡和奥本这样的人会开始在村里使用泰雅博语。但我推测，如果他们这么做了，他们大部分时候都会酸溜溜地指责比他们年纪更小的人不会说泰雅博语。到了那个时候，一切都太迟了。

在我仔细观察年轻人的泰雅博语时，我发现语言消亡这一说法是有误导性的。一门语言从来不会死去。它不会这一秒还在，下一秒就没了。语言会瓦解，会日渐衰落下去。看着年轻人的泰雅博语就像看着墨迹褪色或肉体衰弱：语言失去了韧性，变得发黄稀疏。它从郁郁葱葱变得枯萎皱缩，只剩下干硬的外壳。

在年轻人的泰雅博语里，第一个消失的就是构造诸如"她想背着她走"这样的复杂合成动词的能力。第二个消失的是连系动词和组织关系从句与从属分句（所以"我昨天刺杀的猪"或"你来的时候我们在吃饭"这样的表达没有了）的复杂方式。运动动词——除了"来"和"去"——也逐渐消散了。

随着说泰雅博语的人越来越年轻，掌握程度也越来越低，泰雅博语的时态变化消失了，词性开始松动。最年轻同时也说得最不流利的人失去了给正确的主语和宾语变换动词词形的能力，瓦解了所有动词的分类，只剩下了一种词形，用皮金语的词替代了泰雅博语。

在他们的语言里，泰雅博语这棵曾经的参天大树已经被削成了一根瘦骨嶙峋的小牙签。

一天夜里，我跟几个年轻男人坐在男人房子里，他们计划第二天去雨林里浪几小时，放火烧一片他们都知道的草地。他们想这么做是因为阳光已经灿烂了几周了，他们想玩点刺激的。放火烧草地从来都是集体行动。一群男人把草地点着，另一群男人散开，向火苗挺进，拦截和刺杀企图逃过大火的野猪、鹤鸵、袋狸以及其他动物。

放火烧草地的前一天夜里，男人们准备了一道特别的菜——一道由椰子汁、切碎的椰肉和撕碎的西米烙饼做成的汤。他们聚在一个男人房子里，叫出祖先的名字召唤他们前来，请求他们帮助捕杀野猪。他们在房子一侧洒了几匙汤喂给祖先的灵魂。

在这个特别的夜里，那个拥有那片即将被烧掉的草地的男人给这些年轻人酿了一些白汤酒，大约有十二个人坐在一个小的男人房子里喝酒说笑。突然，一个大家都用基督教名字称呼他的年轻人戴彼得用激情洋溢的皮金语宣称他"有话要说"。他在男人房子里醉醺醺地站了起来，郑重地说起了泰雅博语。"我要说的是这些。"他说，故作严肃。围坐在戴彼得旁边的年轻人开始咯咯笑。

"巴拿·马洛卡、鲁尼·马洛卡、达尔·安瓦里、桑多·萨拉齐。"戴彼得说，背诵着迦普恩的始祖们的名字。"Epi yim okinaka"（"明天，我们就要走了……"）——这时他往屋子一侧洒了一匙椰子汤，仪式感十足——"naw apukrunaka"（"我们要烧一片草地……"）——又洒了一匙汤——"mbor akrunaka"（"我们要吃猪……"），又一匙汤洒在了屋子一侧。

随后戴彼得切换回了皮金语。他说，"说完了，我的小发言"。他扑通坐在了地上，咧嘴笑。年轻人们以欢呼大笑回应戴彼得的发言。

我和年轻人们一起坐在男人房子的地板上。我忍不住在想，戴彼得的发言浓缩了泰雅博语的未来。这个发言不仅是以这门语言简化的形式说出来的：整个发言只有三个未经修饰的动词。而且，与它斯巴达式的简省形式一样富有意味的，是它说出来并被接收时的语调。戴彼得的"小发言"是滑稽的。他从皮金语切换成了祖先的语言是为了制造滑稽的效果。戴彼得玩弄泰雅博语换来了笑声。

而且每个人都笑了。

第十二章

险象环生

Living Dangerously

　　1986年,我开始第一次在迦普恩长待时,戴彼得以及其他坐着一起喝酒的年轻人都还是小朋友或是婴儿——其中有几个甚至还没出生。1987年我离开了村子,回到瑞典写我的博士论文,那个时候戴彼得只是一个害羞的足内翻的三岁娃娃,长了一双好奇的大眼睛。四年后我回来了,那是1991年。

　　村民们热情地欢迎我,立即给我造了一个房子让我住进去。他们说,五年前给我造的那个房子"冷了",已经破损不堪。他们花了三个月造新房,比所有人的都大,高出地面四英尺。我的新房子就像一艘盘桓的母舰一样耸立在村子里,看上去要不就像在保卫一方村民,要不就像在威胁众人,这取决于你的观看视角。我觉得有点尴尬。当结构柱子开始搭起来的时候,我就明白了村民们脑子里在想什么,我反对了好多次。他们无视了我。我的房子显然要造成一个值得夸耀的浮夸建筑，迦普恩版齐奥塞斯库议会大厦或特朗普大楼。村民们想向可能路过的任何人广而告之，他们村里那个白人回来了，他们能让他住上体面的房子。

每次像造男人房子（或给白人居民造一个房子）这样的集体项目完工时，村民们通常会举行彻夜的欣欣（Singsing）活动庆祝乔迁之喜。欣欣是一种庆祝活动，每个人都会参加，不光因为从来不乏大量佳肴——通常是由新建成的房屋主人提供——也因为有传统的唱歌跳舞。欣欣在村子的中心举行。在暮色降临之前开始，持续一整夜直到天亮。

上一次待在村子里时，我参加了好几次欣欣。我对这个活动感到恐惧。这些活动总是让我觉得自己是一个糟糕的人类学家，因为我觉得无聊。男人女人用刺耳的从鼻腔发出的假声唱出来的歌既单调又重复。歌词主要就是祖先们路过村子周围的景物时所过之地的地名。舞蹈就是围成圈拖着脚走，挥舞着西米叶，偶尔来一个单脚跳。

我有瑞典同行被这些东西给迷住了：他们很认真地研究舞步，在地图上记下地名，然后很热情地写了书，里面全是晦涩的分析和流程图，密密麻麻的表格里全都是箭头。

跟这些活动一样，这些书也让我昏昏欲睡。

在迦普恩，我不是唯一一个对整宿坐着参加欣欣感到兴致寥寥的人。在之前几次欣欣活动里，我留意到夜里某个时候，许多年轻村民的身影就不见了。他们就像每个地方的年轻人那样：趁父母不注意，就抓住机会溜到黑漆漆的地方会情人。

然而，不管我或任何其他人怎么看欣欣，很显然，年纪大的村民很喜欢。尤其老鲁尼似乎怎么都玩不够。他能在一个沙漏形的鼓上保持一个稳定的敲打节奏，唱上几个钟头，而且他还是一个身手灵活不知疲倦的舞者。

在庆祝我乔迁新居时，我提供了五十磅大米，六磅白糖，几大罐雀巢速溶咖啡，一箱咸牛肉罐头。村民们捕杀了几头猪，西米充足，每个人都吃得肚子撑，沉浸在喜乐的氛围里。我提议用我的煤油灯来照明，村民们从我上次出现在村子时起就一直住的房子的立柱扯了一条藤来把灯固定住。那个房子距离作乐场地六码远。

在昏暗的煤油灯下，我坐着看了几个小时的欣欣活动，但到了半夜，我撑不住了。我在村子里待得足够久，知道没人会认为找借口打个小盹儿是多么失礼的事情。我这么做了，去了我第二天就要搬去的那个房子。我蜷缩在蚊帐里，躺在席子上，想努力睡着。

就在我快要睡着的时候，一声尖厉的爆裂声打到了房子的竹墙上，就像一个小石头重重地敲了一下。随后又是一记。又一记。在我屋外跳舞的人们也听到了击打声，有几个人冲黑夜里看不见的孩子们喊，警告他们夜里不要玩弹弓冲人射石头。

我一定是睡着了几分钟，因为我能记起的下一件事情就是一声巨大的轰鸣——一声炸裂——一道白色闪电。我警觉地坐了起来，赶紧摸到脚边，嗖地穿上了裤子。

就在我回身要找眼镜的时候，我的前门被人踹开了。

两个男人冲进了我的屋子。他们径直冲我跑过来，穿着厚重的靴子，树皮地板都跟着震动。他们一把拉开了我的蚊帐，电筒光直射进我眼睛里，其中一个人拿一把短管猎枪顶在我的脸上。

这两个男人戴着遮脸盔式帽。持枪的那个人用英语冲我吼："给我们钱！给我们钱！"

比起惊恐，我更感到迷糊，因为搞不清楚发生了什么。这些人是从哪里来的？什么钱？我在新几内亚的一片沼泽中间，不是刚从银行走出来的路上。而且村民们怎么样了？一分钟之前，我还能听到他们唱着聊着笑着。现在一切都诡异地安静了下来。他们跑哪儿去了？他们不知道发生了什么吗？

我用英语回答了枪那一端的蒙面人的话，我之前从来没有在迦普恩使用过这门语言。我让他等一等，让我先把眼镜戴上，找到手电筒，因为我得看得见东西才能把钱给他。他喊着"快点！"，还挥拳打我，弄折了我的眼镜，我举起手试图保护脸部，他还扭伤了我的大拇指。

我跌跌撞撞地走到金属巡逻箱前，里面放着我的贵重物品。我有相当于三十美元的买汽油离开迦普恩的钱，我去镇上采购补给时要用到。我想找到它，给这些闯进来的人，好让他们走。但那个人不让我找我的手电筒。拿枪的那个一直吼我让我快一点，而他的同伙一直打我的头。

这个时候我才发现屋子里不止这两个人。我听到远处的那个角落里传来模糊不清的声音，然后是硬物碰撞的声音，我放在架子上的卡带和笔记本被翻了下来，丢在了地上。

我打开了巡逻箱的盖子，拿枪的那个人的同伙抓住我的录音机，丢进我其中一个装衣服的包里。作为研究者我从没这么有种过，我居然说："我会把钱给你，但你能不能把那个留下？"现在看来这多么荒谬。我得到的回答是一声响亮的命令"闭嘴！"，一记重拳打在我脸上，我的眼镜都被打飞了。

"钱在哪里？！"拿枪的那个人又冲我吼。

"我需要我的眼镜，"我告诉他，"如果没有眼镜，我就看不见找不到钱。"他又打我。

我在巡逻箱里盲人摸象地一通乱翻：关于巴布亚语言的学术论文、空的卡带、电池、几盒橡皮筋、饼干、几袋麦片、美极方便面，还有其他一些我偷偷藏起来的小食品，没人请我去家里吃饭或给我送食物的时候，我就背着村民们偷偷吃。我最终找到了一个小塑料袋，提了起来。

"在这里。"我说，伸出手去。但是袋子里只有录音机备用的东西，一分钱都没有。我放了回去。

"不，等我一下。"我说。

那个人猛地从我手里夺过了袋子。

这样的混乱状况一定持续了有五分钟，这时候那个人开始紧张了。他们显然计划了一场速战速决的盗窃，没想到遇上了一个近视眼傻瓜在一个巡逻箱里乱翻。在房子外面，村民们也开始骚动。我可以听到他们走来走去，低声急促地说着泰雅博语。也许感觉到自己快要控制不住场面了，强盗们拉着我的肩膀让我站起来，又把我推出门到阳台上。一个人站在我身边抓着我的手臂，拿枪的那个人站在我另一侧，用枪指着我的脑袋。

我不知道那个蒙面人到底想对我做什么，因为那个时候发生了一件分散大家注意力的事。

老鲁尼四十岁的儿子卡里从屋前跑过。没人知道为什么卡里要这么做，但他是一个冲动的暴脾气的人，长着一把大胡子，很容易发火。也许他觉得他可以伏击这些人，让他们缴械。不管在想什么，他一定忘了他穿着白短裤。在黑夜里，白裤子让他很容易成为目标。就在卡里加速从我阳台下经过的时候，那个抓着我臂膀的人把他的手电筒转过去对准了他。持枪的人则把枪绕过我的头，瞄准，射击。

卡里闷哼一声后倒在地上。

枪一响，洗劫我屋子的人就慌了，他们跳下阳台，四散逃窜进了雨林。

到了那一刻我才真正开始感到害怕。我孤身一人，在漆黑一片的夜里晕头转向。一切又再次陷入寂静。甚至连无处不在的青蛙都停止了鸣叫。我看不到也听不到任何人。我从屋里爬下来，摸索着向卡里的方向走去。

一个村里的女人从黑暗中走了出来，把我拉到一棵捞捞树后面。她朝我发出嘘声，让我安静。

几分钟过去了，村民们开始从雨林里出来了。他们去找卡里。他的弟弟和舅舅开始哭泣，声音里满是痛心疾首，肝肠寸断，每当村民们意识到有人快不行了或已经去世的时候，他们就会这样痛哭。他们发现卡里在一片黑暗中俯卧在地上，他们把他扶起来，把他带去他父亲鲁尼的男人房子，距离几分钟前大家载歌载舞的地方不过二十码远。

我跟随着静静哭泣的人群，身处这一列涌向男人房子的队列中央。

卡里被他舅舅和他妻子轻轻抱着，身子沉在屋里的地板上。他剧痛万分，抽搐着，喘着粗气。他们把水倒在他侧面和背面的伤口上。但没出什么血。看到没出太多血时，我的第一反应是觉得还有希望：也许卡里没有伤得太重。我不知道的是射中他的那个弹药筒里装的都是铅弹，而且是近距离射击。铅弹深深嵌入他体内。

五分钟后卡里就死了。

卡里的妻子罗莎怀着他俩的第四个孩子，她抚摸着他的头，痛斥他，眼泪顺着脸颊流下。"你就是不听我的话，"她声音沙哑地说，"我告诉过你待在房间里不要出来，你就是不听。你看看现在怎么样了。你受伤了。"突然，她摇着两岁的女儿——正躺在她大腿上，吮吸着她的乳房——"娅葩，"她粗声粗气地说，"你爸爸死了。你看到他的尸体躺在这儿吗？！他还能起来吗？！"

卡里的姐姐萨柯的反应也很愤怒。他俩的母亲，老索邦在她的房间里大喊，萨柯气愤地说："他们打死了卡里。索邦，你听到了吗？他们杀了卡里。他死了。他死了。他躺在那里快烂了。"

这一阵最初的震惊过了几分钟才渐渐平息，这时候，哭泣声开始此起彼伏。没人去追那个杀了卡里然后逃进雨林的人。村民们完全被悲伤吞没了。一个又一个村民爬上鲁尼家男人房子的梯子，扑到卡里的尸体上，无法自控地大哭。

　　那个晚上我彻夜和村民们坐在一起，茫茫然地，和他们一起啜泣。我崩溃了，没想到我的存在把杀人犯引进了迦普恩，一个无辜的人因此丧命。

　　我不知道那些武装分子在哪里，我很怕他们还会回来。

　　这一次袭击之后的那个下午，卡里就被埋了，但许多正好就在邻村的亲戚那天并没有来他尸体前哭丧。他们害怕。开枪事件的第二天早上，几个男人武装上了长矛和斧头离开了迦普恩。他们去找凶手，提醒其他村子的人发生了什么。但这些村民散布的消息所造成的效果却是把那些要来参加卡里葬礼的人给吓跑了。没人想来迦普恩，生怕会遇上这群急着寻找这片人生地不熟的雨林出口的凶手。

　　卡里入葬了之后，我回到我那被洗劫过的家中查看受损情况。这里被严重摧残了。纸页丢得到处都是，还有碟子、笔记本、卡带和衣服。那个戴盔式帽的蒙面人打开了我所有的盒子和包，洗劫了任何看上去值钱的东西：我的卡带录音机、备用电池、煤油灯、照相机、录音设备等等。这一场完全无意义的巧取豪夺让我筋疲力尽。他们带走的大部分东西除了我之外，对任何人都没有价值。塞皮克河下游地区的哪个村民会对买一对森海塞尔耳机感兴趣呢？

　　他们没带走的不是破了就是坏了。我的煤油灯被打烂了，我的桌子破掉了，我的蚊帐撕开了，我的床铺是黑的，沾满了那个人大靴子上的泥。

　　我恍恍惚惚地在屋子里走了一圈，拾起笔记本和衣服，试图确定有多少卡带丢失了，把我收集的文章的散乱纸页尽可能地理一理。我拖了地板，检查了蚊帐的破损情况，把铺垫扔到桶里，回头好带去水坑洗干净。

然后我坐在地板上，寻思着我该怎么办。

我的本能告诉我，我应该尽快离开迦普恩。我的存在显然将村民们置于了危险之中。另外，我也身陷险境。那个杀了卡里的弹药筒原本完全有可能是冲着我来的。

我应该离开。

但从另一方面来说，在这个伤痛的时刻抛下村民在道德上是错误的。尽管我不对卡里的死亡负有直接的责任，但我牵涉其中。如果我不曾来到迦普恩，卡里还会活着。我不能在一切变得艰难的时候就拍拍屁股走人，留下惊恐莫名的村民们收拾残局。

我应该留下。

但话说回来，很显然我无法继续在这里做什么了。首先，我的录音机没了。而且我很确定，在这样的情况下，村民们也没心情再跟你聊什么泰雅博语的动词变化和祖先传说。如果我什么都做不了，我待在迦普恩的意义又是什么？我又不是来度假的。

我应该离开。

最终，我决定在村子里再多待几周和村民们一起哀悼——同时，当遥远的塞皮克河上的小镇安戈拉来的警察最终到达时，我可以出面做证。尽管警方很少离开安戈拉周围的方寸之地，因为他们从来不会去任何地方巡逻，但我知道他们迟早会来迦普恩。村民们派了传信人告诉他们，待在村子里的那个白人被挟持和袭击了，他们有一个亲戚被枪击丧命了。这样的罪行鲜有发生。他们一定会有所反应。

然而，问题是那些消失的歹徒们。那伙人到底去哪儿了？那群村民去流向红树林潟湖的河上找人，在灌木丛后面发现了两个藏起来的木筏。这表明歹徒们那天夜里没有成功逃出这一带。他们依然在雨林的某处潜逃。

村民们用斧头把木筏砍成了碎片。

与此同时，我找了几个孩子帮我把剩下的东西搬出了被毁坏的房子，搬到了新架起来的高脚楼里。我一点都不喜欢这个新房子。太大了，离地太高。从我的阳台俯视其他的房屋让我想起监狱瞭望台的视角。这个房子是一座失败的建筑，浮夸的建筑通常如此。我尽可能不待在里面。

我在鲁尼的男人房子里，坐在他身边。鲁尼被压垮了。儿子被杀害让他顷刻老了好几岁。他的脸看上去就像纸一样苍白，他的背似乎比以前更驼了。他坐着静静哭泣。偶尔，他会突然抬起头，用沙哑的声音朝着雨林的方向喊："你们枪杀的是一只猪吗，啊？！他是你们的猪吗？我们对你们做了什么，你们要来我们村里拿枪杀我们？！我们杀了你们的什么人吗，你们要来这里拿我们当猪一样杀掉？！"

村民们麻木地挨家挨户盘点开枪事件发生时每户人家在哪里。整个事情渐渐浮现，那伙人共有五名。他们成功地在黑暗的掩护下潜进了村子里，隐身在跳舞那个圈的外围，直到我回到屋里。我听到的打中屋墙的石头是从他们藏身的地方射出来的鹅卵石。他们本来想击碎煤油灯，因为它照亮了跳舞的那片区域。失败后，他们跳了出来，警告惊恐的村民不要动，用自制的火枪射了两发子弹。这也就是我听到的爆炸声和看到的白光。

被吓到的村民们照他们的命令做了，保持沉默。就在歹徒们冲进我房间时，他们推着孩子们逃进雨林躲了起来。迦普恩没人有枪，所有的村民都大吃一惊，不知道如何，甚至是否要和这伙人正面对抗。那些躲得太远不知道前面发生了什么的村民说，当听到第三声枪响的时候，他们以为那伙人射中的是我。直到听到哭声响起，听到大家在喊卡里的名字时，他们才反应过来那个被枪打中的牺牲品是卡里。

在雨林里，没有报纸，没有网络，没有独立的信息渠道。所有的都是流言。卡里死了几天后，流言四起，说罪犯们在雨林里互相寻找，重新集结。没人知道他们是不是有了更多的弹药，但我们都知道他们有枪。人们开始推测这些人要做什么。已经可以确定的是这伙入侵者是外面来的。村民们不解，这些人到底是怎么找到进村的路的。坐木筏来迦普恩并不容易，而那五个人就是这么来的。你得渡过一个广袤的迷宫一般的红树林潟湖，在环绕潟湖的看似难以进入的红树林围墙找到一个特定的突破口。那个突破口通向一条浅浅的小河，你要划上半个小时的木筏，然后在一条切入雨林的小道上下船，最终到达村子。

有知道怎么到达迦普恩的人给歹徒们指点了路线。村民们开始询问那个人是谁。

就在他们每天悄悄地彼此打探要把那个人找出来的时候，我开始听到消息说有人在雨林里遇到了那伙人，碰巧听到他们在制订计划。他们的计划是在我晚上去水坑边洗衣服或去雨林里上厕所的时候伏击我——挟持我做人质。有我在他们的掌控之中，村民们就得向他们提供木筏，给他们指出回到红树林潟湖的路，这样他们就可以逃之夭夭了。

我严重怀疑是不是真的有人听到那伙人在筹划这样一个方案。我在想，但凡有人离得够近能听到他们说话，必然会拉响警报，提醒村民们他们的行踪，为卡里的枉死报仇雪恨。

然而，事实是，如果有人能想到这样一个计划，便意味着那伙歹徒也能想到。我思考得越多，就越觉得，把一个白人作为人质求得一条逃出雨林的生路，是一个相当好的计划。正因如此，村民们认为我是一个死去幽魂的想法沉重地压着我。老实说，我不知道（老实说，直到今天我也不知道）他们是否真的相信，如果我已经死了，还可以被杀掉。这种不确定感使我不安，但在这种情况下，更让我恐惧。在我那种疲惫又惊恐的状态下，我想象了一个场景，那伙人成功抓到了我，用一把枪抵住我的头或一把大刀顶住我的喉咙，要求我让村民给他们一只木筏。但由于村民们不相信我会死，或出于变态的好奇心想看看我是否真的会死，便只回答说，"不"。

即便村民们真的为他们指出了一条逃出雨林的路，我也不知道一旦出去后，他们会把我怎么样。

那个时候，我决定离开村子了。自从卡里被害已经过去四天了，依然没有警察要来的迹象。欣欣的食物已经吃完了，每个人都战战兢兢，不敢冒险去雨林的自家园子里采集食物或加工西米粉。指控开始涌现，尖酸刻薄的话开始蔓延：X 在欣欣之前几天不就去了一个塞皮克河的村子吗？他跟谁说话了？为什么 Y 不把跟 Z 说的告诉其他人，就是在那个命案之夜天黑之前，他在河边见过几个不知名人士的事情？Q 给卡里哭丧了吗？没有吗？为什么没有？为什么他就不怎么见人了？

迦普恩的气氛开始恶化。

我告诉了鲁尼以及其他几个大人物我想离开。我跟他们说我想去省会韦瓦克提交一份报告。我想看看警察是否会来，是否会尽力追捕杀害卡里的凶手。

他们接受了，太阳落山的时候，我打包好了行李，里面塞满了成功抢救回来的笔记本和卡带。其他的我丢下了。天一黑，几个年轻男人带着我穿过沼泽，下到河边，有一只木筏等在那儿。我们对潜逃的罪犯依然心有余悸，所以手上没有拿任何照明工具，也不说话。一趟通常只要一个小时的行程花了两个多小时。我们乘着木筏，静静地划了一个小时，先是过了一条通往红树林潟湖的小河，然后穿过潟湖，直到抵达邻近的旺安村。从那里我们沿着海滩走了四个小时，到达了瓦当村，那里的人有一个马力够足的舷外马达支撑我们走六个小时海路到达韦瓦克。

我们离开的时候是黎明时分。我想我可能永远不会再来迦普恩了。

在韦瓦克，我向警方提交了报告。然后我去了机场，离开了巴布亚新几内亚。我飞去了澳大利亚国立大学，当时我在那儿受聘为博士后研究员。我提交了保险索赔，解释说卡里是我做田野调查的那个村子的村民，因为我的存在而遇害。大学的保险公司同意支付一笔赔偿金，我把这笔钱寄给了一个修女，她在塞皮克河上的玛利恩堡传教站。这个修女叫西斯塔·玛莲娜，头发灰白，没有一句废话，是一个来自瑞士的暴脾气老太太，已经在这个传教站生活了几十年。没人能记起来她不在那里是什么时候。她一定已经有一百三十岁了。

西斯塔·玛莲娜是我认识的最接近仁善圣徒的人。她是整个塞皮克河下游地区所有人获得医疗卫生服务的唯一渠道。每隔六到八个月，她和其他几个年轻护士就会连着几周乘着马达划艇去这一带的每一个村子，给婴儿接种疫苗，派发药品，注射抗生素。在那儿住了几十年，定期走访，意味着西斯塔·玛莲娜认识**每个人**。每个人也都认识她。

我知道我可以靠她把钱送到对的人手上。我嘱咐她把一部分给鲁尼，其他的给卡里的遗孀罗莎，她来自一个从迦普恩要步行一天才能到的村子。

西斯塔·玛莲娜写信告知我，她按照我的要求办好了。鲁尼收到了钱。不过，她没找到罗莎，所以把我给罗莎的钱给了她的兄弟们。

她还告诉我，我离开后，警方把愤怒发泄到了整个塞皮克河下游的村民身上。他们入侵村子，无差别地野蛮殴打村民。他们射杀了猪，毁坏了槟榔树，威胁要把房子烧掉，除非村民揭露袭击我和杀害卡里的那伙人的身份和行踪。这些暴行起到了效果：西斯塔·玛莲娜告诉我说那伙人中的大多数都被警察逮捕了，正在监狱里等待审判。

然而，几个月后，西斯塔·玛莲娜就去世了，我和迦普恩之间的沟通渠道被切断了。我从来没有作为证人被传唤出庭做证。我所有联系警察弄清楚发生了什么的努力都付诸东流了。

跟我当时的大多数人类学同行一样，我的结论是巴布亚新几内亚已经太危险，不适合再去做田野调查了。1991年底，我决定放弃在那里的研究，再也不回去。我甘愿为我的专业作出很大牺牲，但我不愿献出我的生命。我也不想危及更多村民的生命。

在那之后，我有十四年没有再听到任何关于迦普恩的消息。

然后，到了2005年底，我在瑞典的家中意外收到了一封来自澳大利亚的信。这封信是一个叫比尔·福雷的语言学家寄来的，他是一位知名的巴布亚语言专家，退休前一直担任悉尼大学的教授。我认识比尔的时候是1987年，那时我刚从迦普恩第一次长待之后回来短暂经过澳大利亚。直到1991年我离开太平洋地区一去不返（我当时真是这么想的），每次去悉尼，我都会跟他喝上一杯。

在信中，福雷告诉我，我离开迦普恩几年后，他开始在瓦当村研究当地的同名语言——我离开迦普恩的夜里到过的那个村子。他在瓦当做田野调查那段时间，一直没去过迦普恩。但2005年初，一个在巴布亚新几内亚采集样本做DNA分析的研究团队跟他签了合同，让他带着团队到塞皮克河下游一带，让村民们允许他们采血，在孩子嘴里做拭子采集。

团队去过的村子里就有迦普恩。

我住在迦普恩的时候，要花大量时间向村民们解释，世界上的白人并不都互相认识。他们以为白人是这样的。我会说，不是，那些国家比迦普恩和周边的村庄大多了。白人那么多，我们不可能都认识。这是不可能的。

比尔·福雷是我十四年前离开迦普恩后，第一个到过这个村子的白人。村民们问他的第一个问题就是他认不认识我。

"当然，我认识他。"他高兴地答道。

福雷和德国研究团队只在迦普恩待了几个小时。他们离开村子后在瓦当待了几天，那个村子在海边，相比迦普恩所在的恶臭难闻的西米沼泽地，那个地方更宜居。两天后，一个年轻的迦普恩村民出现在瓦当，给了比尔·福雷一封写给我的信，写信人是温和的莫内。

在福雷的信里，他附上了莫内那封信。

信里请我回迦普恩。

这封信让我既惊讶又感动。我也好奇，自从我离开后，村民们怎么样了——还有他们的语言怎么样了。于是，第二年夏天，我回到迦普恩待了六周，想看看回去待更长的时间是否可行。

在这次行程中，我最终发现那起导致我离开迦普恩的命案当夜到底发生了什么，我一直百思不解。

以下就是当时的情况。

1991 年我一到村子不久，整个塞皮克河下游地区就开始传言我到迦普恩时身上带了四万基纳（在当时，基纳和美元汇率相当，所以就是四万美元）。[1] 这个传言是如何开始的就更难知道了。有村民

---

[1] 巴布亚新几内亚的货币叫基纳，在我去这个国家的几十年里，它的币值剧烈波动。文中提到的换算成美元的这个数字代表了事件发生时基纳的币值。

告诉我，是两个迦普恩村民造的谣，因为他们恨我没有给他们带足够多的东西。这两个村民和他们的亲戚则声称是另一个村的人传出去的。我永远都无法确切知道到底哪一个版本是真的。直到今天，我还是想不通那些信了这个谣言的人怎么想得出来，我在一个雨林深处的沼泽地里带着相当于四万美元的现金能干吗。我也不知道如果真的从巡逻箱里翻出了我认为他们想要的那三十基纳，他们会把我怎么样。

那五个涉案的人都是巴布亚新几内亚的小罪犯——也就是一帮无赖（ol raskol）。这个可爱的听上去像小乞丐一样的叫法具有欺骗性。无赖一点都不迷人。他们是心怀怨气的暴力年轻人，通常携带有自制火枪，上过小学后他们开始对自己的人生感到不满，跟那些迦普恩的孩子上了旺安的小学后对自己的人生感到幻灭出于相同原因——小学里教给了他们缺乏汽车、房子、衣服和财富，而他们在教室里传阅到破烂的澳大利亚人捐的课本上描绘的都是那样的生活。无赖们拉帮结派，占领城市中心，定期抢劫商店，劫持武装的交通汽车。他们堵住道路桥梁，抢劫当地公交车上的乘客，偷走他们所有随身物品，在这个过程中还轮奸几个不幸的女人。

从1980年代末起，年轻人的临时帮派就在塞皮克河下游地区这样的农村里兴风作浪，袭击村里的商店和任何看上去有点钱的人，向任何挡道的人开枪。在这个国家的首都莫尔兹比港之外的地方，无赖们基本能逍遥法外，部分是因为没有警察来制止他们或抓捕他们，也因为即便有警察，他们中的许多人不在岗的时候自己就是无赖。

一个孤立的村子里没有保护地放着四万基纳，在这样的诱惑下，这五个来自塞皮克河一带不同村子、在之前的作案过程中取得松散联系的人决定聚到一起，他们觉得这一票唾手可得。他们之前没人来过迦普恩。案子发生之后的几天里，村民们知道了，有认识路的人给他们指了路。他们坚信已经弄清楚了那个人是谁，向我悄声透露了那个人的名字。

还沉浸在卡里被害的创伤中的我离开迦普恩几天后，一个村民遇上了在雨林中徘徊的五个无赖之一，他因为饥饿而身体虚弱，急着想逃出去。那个村民把他绑了起来，带回了鲁尼的男人房子里，随后发生了一场激烈讨论，核心问题是卡里的兄弟们要不要把他刺死。由于害怕擅自处理会遭到警方的惩罚，村民们决定饶他一命。他们把他放到一个木筏上，带去了瓦当等候警方发落。

几天后警察总算来了，拘捕了他。但西斯塔·玛莲娜说得没错：他们也在瓦当的村子里恐吓了一番。一到迦普恩，他们也大肆破坏。殴打年轻人，洗劫房屋，威胁随机逮捕村民，除非他们供出帮助那五个人来迦普恩的村民的名字。能逃的人都逃进了雨林里，警察只停留了几个小时，开枪打死几只鸡带走了，只是出于小小的恶意，仅此而已。

那五个人里有两个人，警方一直都没找到。其他三个被抓捕的人最后被判入狱两年。今天，他们依然生活在那一带，沿着塞皮克河活动时，村民们偶尔还会遇见他们。尽管巴布亚新几内亚的命案通常都需要赔偿一笔巨款才能了结，但杀害卡里的凶手们没有一个向迦普恩的任何人为自己犯的罪赔偿过半毛钱。

在迦普恩待了六周快接近尾声时，我拿定了主意，这个地方似乎足够安全了，可以回来待更长时间，于是两年后的 2009 年我就回来了，想在村子里待十个月。然而，那次行程最后还是缩短了几周，因为我开始听到传言说，我会在离开的时候再一次被无赖抢劫，他们会在村民们背着我的行李穿过雨林抵达要带我走的木筏的路上劫持我。人们开始窃窃私语，说在我穿过雨林的路上无赖们会 ensapim 我，"把我的手绑起来"——也就是伏击抢劫我。

我打死也不愿意失去我在村里待的这九个月里积累的所有录音材料和田野笔记。尽管在村子里已经待得足够久，不会轻易对村民们报告或捏造用来互相娱乐的流言买账，但我还是很警惕某些村民。有人告诉我，那些人异想天开地捏造萨拉奇身上有四万基纳这样的谣言。据说传播谣言的人，以及村民们告诉我的那个给无赖们来迦普恩指路的人，都是卡里的近亲——也是所有人的近亲。

当我第一次听说卡里的亲戚们可能涉嫌参与那起将他置于死地的袭击时，我拒绝相信。但在我 2009 年待在迦普恩期间，同样这些亲戚一直坚持向我传达一种低度威胁，让我支付超过整个村子收入二十倍的钱来补偿卡里的死。我通过西斯塔·玛莲娜寄来的钱完全是杯水车薪。他们否认听说鲁尼（死于 1993 年）有收到任何钱的信息。而西斯塔·玛莲娜声称的给了卡里遗孀的兄弟们的那些钱则不是他们关心的范畴。他们对那笔钱一无所知，他们说。不管怎么说，那笔钱都应该给他们，而不是分给另一个村的不熟的人。

那些认为我应该为卡里的死提供赔偿给他亲戚的说法有一套自己的逻辑。在迦普恩，跟在很多其他巴布亚新几内亚的社群一样，一个人是否想让某件事发生，或是否要为发生的事情负责，通常是完全不重要的。这部分是因为在人们的想象中，他们经常受外在的力量驱使：我可以偷走我舅舅新买的电池，如果被发现，我可以说，是"某个东西"（wanpela samting）让我盗窃的，尽管我自己不想这么做。这"某个东西"可以是心血来潮或其他人的贪欲和嫉妒，促使我做出了违背我自己利益的事情。我是那个行为的工具或中介，而不是源头。我依然要为我舅舅被偷的事情负责，不是因为是我犯的事，而是因为那个被偷的电池引发的"不幸"。即便我和这起盗窃无关，如果每个人深信是我拿走了电池，那我还是得赔一点钱，因为就像村民们说的，"那个不幸是因我而起"（havi i kammap long nem bilong mi）。

第十二章　险象环生

显然，卡里之死的"不幸"是因我而起。所以我理应赔偿。

但是，我理解这些要求背后的逻辑不代表我有必要接受它们。对我来说很明显，那些对我提出这类要求的村民就是在讹诈我，那就更没有接受的道理了：交钱，他们语带威胁地暗示，要不就赔其他的。我还意识到，他们的文化剧本是高度选择性的：在一起冷血的谋杀案里，毫不奇怪，那个要为此支付大部分赔偿的人应该是凶手。那个人可以说他是另一个人的恶意的工具，他不为自己的行为负责。但他还是得赔偿。如果我不是一个据说很容易就能搞到不知多少钱的白人，卡里的亲戚们就永远不会向我提出这样的要求。他们会去找那个杀了卡里的人。

有一次和卡里母亲那边的亲戚就这个话题激烈讨论时，我提出了这一点。我提醒那个人，我已经支付了赔偿，而那些凶手们半毛钱都没赔过。为什么他不去找那个开枪打死卡里的人，要求他们赔偿，而要来找我？你知道那些人是谁，我对他说。去找他们给你钱。是我开枪打死卡里的吗？我问他，很久之前我就掌握了村民们那一套答案明显的提问话术。是我扣动了杀他的扳机吗？

这些村民锲而不舍地追着我赔钱，让我改变了对他们牵涉进这起袭击的想法。我毫不怀疑，不管他们想让我怎么样都是非常错误的，卡里的死是一场悲剧性的错误。但那些威胁越明显，我就越坚信，开始传播谣言把无赖引进迦普恩的人就是卡里的那几个亲戚。他们坚持要我为卡里的死赔偿，可能就是缓解内心愧疚的方式，他们的计划搞砸了，造成了可怕的后果。

我想，这也让他们变得危险。

因此，当我听说无赖们计划在我在村子的最后一天伏击我的传言时，我决定先下手为强。我利用自己带的卫星电话（真是了不起的发明），和一大笔银行存款，偷偷包了一架直升机，在我原计划离开村子两周前就坐飞机逃走。村民们夷平了旧村子，重建得就像一个大大的机场跑道。很好，我想，我会给他们弄来一架飞机。

在我计划坐飞机离开迦普恩的那天上午，我告诉村民们，夜里我接到一个电话通知我，我的政府在将自己的公民撤出巴布亚新几内亚，因为他们已经察觉到某些迫在眉睫的危险。我得立即离开。这么骗人让我不好受，但我不知道还能怎么办。如果告诉任何人我想逃离的真实原因，就会有人认为我是在公然挑衅卡里的亲戚，这一举动会让本来已经很糟糕的局势演变成使我的处境更加危险的境地。我知道导演一场直升机惊险救援只会强化村民们的认知，让他们深信我可以接触到我拒绝承认的权力和大量资源。我知道他们会问他们自己：如果我的政府能够派一架直升机过来把我运出村子，为什么不能给他们派来一艘潜水艇？

当然，那个时候我已经不在乎了。我脑子里一直盘桓着这样的想法，即一旦那些从我身边暴力夺走我九个月来研究心血的人意识到这些东西对他们来说毫无价值，这些东西就会被粗暴地扔到沼泽地里，因此我得出结论，与不能安全逃出迦普恩的风险相比，为村民们已经发酵的关于我如何神通广大、人脉广阔的传言再怎么添油加醋都不那么要紧了。我寻思着，在我把所有的田野笔记和录音存放到一个远离这个村子的安全地方后，我会回来，处理好我匆匆一别带来的后果。

于是，在那个约定好的上午，提前安排好的直升机从天而降，把我带出了迦普恩，村民们一脸困惑惊讶。

2010 年，也就是第二年，我回来了，在城里买了一袋巨大的两百磅的槟榔带了过来。村民们告诉我，我的突然离开让他们困惑惊愕，但他们对我知道他们的不满表示赞许，我送了他们槟榔，这被解读成 kup，一份和解的礼物，就像摩西送给萨梅克的礼物，用来缓解那些年轻人遵循他的旨意砍掉了所有村民的大树后造成的紧张关系。

村民们兴高采烈地分掉了我带来的多到离谱的槟榔,他们似乎原谅了我。那架直升机让他们错愕,但显然也给他们留下了深刻的印象。让我欣慰的是,那些原先一直威胁我的卡里的亲戚们安分了。从那个时候起,威胁消退了。

尽管危险最后还是没有散去。

第十三章

谁杀死了莫内

Who Killed Monei?

　　莫内的一纸邀约把我带了回来,在我重新在迦普恩安顿下来几个月后——在直升机运我出去之前的那九个月里——莫内死了。那场导致他死亡的疾病似乎开始得没有任何预兆。一天夜里,莫内揉了揉太阳穴,向他妻子抱怨说他头痛。三周后,他就不会走路了。然后他就停止进食了,再过了两周,人就没了。

　　我不是医生,但在我这双未经训练的眼睛看来,莫内似乎死于一种致命的脑型疟疾。然而,在村民们更训练有素的眼睛看来,很明显莫内是被谋杀的。

　　但是谁杀了莫内?

　　迦普恩的村民们活在巫术的世界里,人们有无所不能的魔法,可以让那个你爱慕的女孩突然不可救药地爱上你,也可以把你的猎犬的眼睛弄浑,鼻子堵住,这样它们就连野猪都发现不了。在这样一个着了魔的世界里，死亡永远不是什么意外。它永远是一项故意的行为。每一个男人、女人和小孩最后都是被杀害的。你可以又老又弱，或青春年少，身强体壮，风华正茂；你可以是一个刚出生的婴儿——都无所谓，你死的时候，有人就得为此负责。

为每个人的死负责的人就是巫师。这是真的，甚至在谁确实杀了谁这种相对来说不那么常见的案例里也是如此，比如卡里就是这样的情况。村民们甚至认为蓄意杀人也是中了巫术的结果。让人致死的不是犯罪武器：小刀、斧头、大刀或飞镖，或卡里中的枪——但这些刀、斧头、枪或不管什么都是被施了巫术的。如果不是被施了巫术的话，受害者会因为袭击受伤，但最终会痊愈。如果受害者死了，那巫师就要负责了。

巫师是拥有黑暗知识的人，可以让人中邪然后将之杀害。他们会通过几种方式杀人。最可怖且整个巴布亚新几内亚都知道的就是 sanguma，你会在雨林里遭到伏击，然后被开膛破肚。巫师们会在死者被挖空的腹腔里塞进树叶，缝起来，然后把这个可怜鬼像一只被塞满的火鸡一样送回村子。死者会以僵尸一样的状态继续"活"着。但在巫师指定的那一天，死者会像木偶一样栽倒，操纵木偶的人已经松开了手，然后那个人就断气了。

比 sanguma 更常见的是被一个施过法的物体击中致死：小的金属丝弯成丑陋的钩子、施了妖术的生姜根、小石头，还有那种伴着槟榔一起嚼下去会把牙齿染成鲜红的白垩土。这些东西会神奇地植入人体，寄存在五脏六腑，让受害者慢慢耗尽元气，然后死去。人们知道这些能让他们得病致死的东西，因为他们亲眼见过通晓魔咒和经文的人，用这种能力把那些东西从自己或其他人的身体中取出来。

总有一天会把每个人杀害的这些恶人是谁？他们还会自相残杀（因为甚至巫师最终也会死去）。犯下这些滔天罪行的巫师到底是谁，无人知晓。人们认为自己几乎不可能知道，当然每当有人重病的时候，他们还是花大量时间来寻找那个涉嫌其中的巫师的身份——因为他们认为把钱和猪送给那个人，他们就能说服他让自己的神通"冷却"，让受害者好起来并活下去。但公开谈论这些事情是鲁莽之举。这会让巫师注意到你。他们的千里眼会颤动，他们的顺风耳会跳动。他们会感知到你，这是你绝不希望发生的。还是安安生生地待在他们的雷达探测不到的地方为妙。

问题在于长此以往，无人能幸免，因为巫师（村里人认为所有巫师都住在邻村萨内）会感知到人们的怒意和不满。当你因为有人进了你的园子偷了几个香蕉，或因为有人骂了你，或在酒后斗殴中无缘无故打了你一顿而生气——村民们说，这一生气就会引发一连串的效应，从而惊扰到萨内的巫师，然后就会导致有人生病，甚至死亡，不管那个生气的人想不想让这一切发生都无济于事。就好像整个宇宙连通了迦普恩每个人的喜怒哀乐，把每个人连在了一起，也把巫师们连在了一起，形成一张超自然感知力的蜘蛛网。这张网的一根线动一下，整张网都会抖起来。

村子里的每个人都像这样联结在一起，这也意味着代人受罚的事也是可能的。如果我姐姐的儿子偷了一个脾气暴躁的老头的槟榔，我可能会得病死去。如果我以为哪个人对我的猎狗施了妖术，冲那个人吼了几句，我的祖母可能会突然倒下。如果我的姐姐指控她的邻居和她丈夫搞破鞋，我两岁大的孩子就可能成为目标。

他们说，迦普恩的人因为其他人的"过错"而死。

我（或者我的宝宝、我的妈妈、我的兄弟姐妹、我的叔叔舅舅等）可能会因为**你**做了什么事情而得病或死去，这样的想法就为天主教进入迦普恩铺平了道路，因为"二战"后当村民们开始听说基督教的时候，耶稣代其他人的罪而死这样的观念就很顺理成章了。

"要不然人怎么会死呢？"村民们如此想当然地问。

但你会因为其他人做的事情而生病死去也意味着，其他人可以被追究的事情实在是太多了。

莫内一开始觉得不舒服的时候，他以为得了疟疾。生活在一片到处都是蚊虫的沼泽地里，任何生下来第一年侥幸逃过疟疾的村民，之后都得和这个病长期共存。这个病会不时发作，村民们会连着几天头疼，全身发痛，一阵阵持续发烧，紧接着又觉得浑身冻僵（在皮金语里，村民们管疟疾叫 kol sik，"冷病"）。

莫内意识到了自己的症状，问儿媳玛丽娅拿药。玛丽娅之前在玛利恩堡传教站参加过一个为期两天的关于疟疾的课程。结课的时候，她拿到了一个装满氯喹药片的塑料瓶。她带着这个瓶子回到村里，但一片药都没分给其他人，因为她是一个暴脾气的女人。没有什么特别的缘由，她就是脾气不好，就觉得这药是她一个人的。不管谁来要，她都拒绝给。"我什么药都没有。"她冲那些生了病问她求药的村民气冲冲地撒谎——最后，他们再也不来问她要了。然而，莫内记得那个药瓶就塞在玛丽娅房子西米棕榈树做的天花板的某个地方。

玛丽娅无法拒绝给公公药吃，她找到了那个瓶子，从里面取出七片给了他，他就把这七片药一片接着一片吞了下去。

药片显然起了点作用，但只是暂时的。几天后，莫内把我叫去他的阳台，那个时候我刚从水坑洗完澡回来。他想知道我白天有没有找过他。我跟他说是的，我问了一个孩子他在不在家，那个孩子跟我说他到园子里去了。

莫内告诉我在他去园子的时候，"我遇到了一些事情。一定是中了什么邪——我觉得头晕，然后就昏倒了"。

我站在那儿纳闷，"我想知道那是什么？"但莫内向我提的问题已经给出了答案。他的妻子索帕克坐在阳台角落把扇子那么大的烟叶从筋上扯下来，那是莫内醒过来后从园子里弄回来的。索帕克道出了莫内的潜台词：是因为**我**莫内才头晕昏倒的。

在村子里，一直叫一个人的名字是会伤那个人的元气的，会把那个人身上的能量吸走。一直叫某个人的名字就是在挑衅。索帕克身上最迷人也最让人恼火的一大性格特质就是罔顾事实信口开河，她宣称说："唐来找过你，他一直问一直问你去了哪里。所以你才会晕倒。"

实际上，上面这一切发生的时候，她压根儿就不在村子里，也没有跟莫内在园子里。她去一条小溪钓鱼了。但没有鱼上钩，她就觉得有点不对劲。后来她就认为，自己钓鱼运气不佳和莫内在自己的园子里晕倒，都是因为我一直问莫内去哪里导致的。

我正准备抗议，说我只问过一次莫内的行踪。我"一直问一直问"根本就是子虚乌有。但我知道索帕克已经打定主意，于是我忍住没说，改换话题，问夫妻俩怎么看一个老人刚告诉我的"彩虹"这个词在泰雅博语里的对应词。

一直叫一个人的名字会让这个人暂时伤元气，导致这个人没法在雨林里寻找食物，但（幸运的是，对我来说）并不能让一个人生病。当莫内的健康持续恶化，大家开始寻找其他的解释。每个人唯独没有想到的是，莫内也许得了一种大夫可以治好的病。毕竟他已经吃过药了。药不见效只能通过药效被"村里的什么东西"抑制了来解释。

找到那个"什么东西"开始占据越来越多村民的脑海。

得出是我导致莫内在他园子里昏倒的结论过去一周后，莫内叫他的一个儿子给他砍了一根长树枝，他可以用来撑着走路。他告诉我说，他站起来的时候无法控制自己的双腿——两条腿会向不同的方向移动。他说倒不觉得痛，但就是一直头晕。

于是村里的祷告队被叫来给他祈祷。

莫内的祷告会在手电筒昏黄的灯光下开始，手电筒用一根藤条从屋顶挂下来，电池快没电了。就像祷告会一直以来的开场那样，一个村民带着另外两个村民向圣父解释为什么他们聚在这里，祈求神向他们的信徒弟兄（这里指莫内）大发慈悲，用仁慈的力量保护他，为他驱走苦痛。紧接着的永远是讲巫师们如何不信上帝，他们多么邪恶，用带毒的铁丝、生姜根还有微不足道的法术乱射无辜，让人生病。他们请圣父来祛除受害者体内的这些坏东西。

过了十分钟，这三个人都开始讲一种听不懂的土话。三个人的风格各有各的迷幻：有一个用一种自己几乎都听不清的声音低语；有一个时而大声祈祷，时而突然发出一种令人毛骨悚然的低沉声音，不禁让我想到《沉默的羔羊》里的汉尼拔·莱克特；第三个人叫着"aut，魔鬼，aut！"（"出去，魔鬼，出去！"）"Yu Pawa 上帝！"（"你是有神力的上帝！"）这样的胡话，让我觉得，上帝听上去就像一个超能战士。

祷告队为莫内祷告了将近一个小时，但他体内什么东西都没弄出来。也许这是一个好兆头，但也许意味着情况很糟糕。也许意味着莫内的病不是什么巫师引起的，这是好事。但也许表明施了法的物体已经嵌入莫内的五脏六腑，深到取都取不出来了，那就凶险了。

第二天我跟莫内说话的时候，他觉得还是应该乐观一点：他认为他的病是老天在惩罚他，因为好几个村民不去参加周日早上的礼拜了。我跟莫内说，我觉得如果上帝因为这个惩罚他未免太小家子气了——如果上帝因为村民不参加弥撒雷霆大怒，为什么他不惩罚那些不去做礼拜的人？

"我知道，"莫内没有防备地说，"我也对这个很火大。为什么他不让那些人得病？"

不论莫内的病因是什么，祷告队那一通折腾也没起到什么效果。事实上，莫内抱怨说他觉得祷告会后身体反而更差了。

这个时候，关于莫内病因的解释开始涌现：莫内生病是因为他包藏色胆，要娶村子里的一个老寡妇做小老婆，于是触怒了上帝和他妻子索帕克；莫内偷偷用魔咒搞坏了村民们园子里的收成。莫内的儿子摩西跟萨内人交恶，因为他想当然地以为听到那些人私底下在说要用巫师杀掉他的妻子，也就是玛丽娅那个暴脾气；莫内的儿子拉法尔把山顶的一棵树给砍了，触怒了山神；莫内在某些情况下（也许这是在暗示那个爱打听、爱管闲事的我）说出了山的秘密的名字。

眼看着吃药、祷告都不见效，现在莫内的孩子们开始送钱给萨内人，希望可以到达对莫内的病情负责的那个巫师手里。正好那个时候莫内的孩子们资金充裕。几个月前萨内村死了一个女人，几周前刚办了庆祝哀悼期结束的丧饭。为了招待来赴宴的客人，萨内村的人来迦普恩买了几头猪，有几头就是莫内的儿子和女儿家的。他们通过卖猪赚了七百五十基纳，对于一个年均收入大约只有一百基纳（约三十五美元）的村子来说，这已经是一笔不菲的收入了。

不过，现在这笔钱又送回了萨内。其中一部分是用来跟萨内人"握手"（sekhanim）言和的，村民们怀疑他们也许是莫内得病的幕后主使。摩西把他们请到迦普恩，之前他因为偶然听到他们说要杀他的妻子玛丽娅，跟他们怄了气，这一次他从妻子的村上买了大米、咖啡和白糖，招待他们饱餐了一顿，除此之外，还给了每个人五十六基纳现金。

另一个是莫内的儿子科塞，给了一个萨内人二十五基纳，那人说他知道是谁给莫内下了咒，还向他保证会把钱交到对的巫师手里。

莫内的儿子拉法尔给了两个本村村民一百基纳，这俩人主动提出

第十三章　谁杀死了莫内

要把钱送去萨内，然后悄悄观察谁会拿到这笔钱。诸如此类。

但莫内的身体还是一天天变差。

于是他们叫了一个"玻璃人"（ol grasman）来找出那个让莫内得病的巫师。

"玻璃人"是村里的名人，他们声称自己戴上一副神奇眼镜后，就能看到是哪个巫师导致的死亡。又或者他们会端详一面专门准备的镜子。用镜子的玻璃人更受欢迎，因为镜子可以有观众。在玻璃人到达迦普恩之前，村民们就向我兴奋地解释说，玻璃人看的那面镜子会变成一个电视屏幕，上面会显示是谁用施了法的物体击中了莫内，让他得了病。

村民们以前见过几次电视机，因为有几个沿海村子的年轻人曾经弄来一台十四英寸的电视机到迦普恩，还有一个发电机。他们整宿整宿地看好莱坞动作片光碟，还有当地产的巴布亚新几内亚音乐录影带，都是极其低成本的影片，里面的流行乐队把翁巴和夏威夷尤克里里音乐作了独特的结合，声音就像过滤过一样失真，听上去就好像歌手是在水下唱歌。

莫内的家人捎话过去的玻璃人来自萨内，每个人都希望，这意味着他能有得天独厚的优势可以接近那个村子里的巫师，能够看清楚，分辨出来到底是哪个。午后这个人前脚刚到，村民们后脚就吓了我一跳。他们把我从村尾找了出来，想问我借我那个十八英寸宽二十四英寸高用来每天早上刮脸的镜子，替代玻璃人向他们展示的他用的那面小圆镜。他们一致认为，那面小镜子完全不够用。他们想得到一个好角度，好好看看玻璃人的神通。

和祷告组一样，玻璃人也只在夜里作法。这一次是晚上九点钟，在莫内家边上的一个大房子里。房子里立刻挤满了各个年龄段的村民。他们互相推搡着想要抢到靠近玻璃人挂我镜子的钩子的座位。

在我的煤油灯昏黄的光线下，玻璃人从篮子里取出了一个小笔记本，一个小小的雕刻过的罩子，那一定是某种神奇的驱邪的东西，还有两个小的塑料可乐瓶。

瓶子里装的是"自然油"，这种油上附着着祖先灵魂的力量，可以把我那面普通的镜子变成一个宇宙传送门。玻璃人在手上吹了口气，舀了一勺油，分批倒到我的镜子上。他把油涂满镜子，用一件衬衫抹平。他又擦又抹地处理好镜子上的污迹。觉得对现在的样子满意了之后，他把镜子挂在了钩子上，让每个人都可以看到。

然后他拿出了一个功率很足的手电筒，打开电源，直接照在镜子上。

村民们期待看到的巫师作法真人秀没有发生。我坐在黑暗中，周围挤着热情的村民。玻璃人来之前的一波狂热宣传，让我意识到，我其实希望有一番神秘体验。然而，我盯着的只是一个抹了油脂的托盘大小的镜子，上面打上了一束光。

玻璃人站在镜子前，把大家的注意力吸引到他看到的某些图像上，一边用手指指点点一边评论着"看，那里有个女人"以及"有个男人站在那儿"。

我看着周围的村民们转过头，眯着眼想努力从不同角度观察镜子，能看出来他们跟我一样困惑。

第二天早上，人们大致的共识是那个玻璃人就是个江湖骗子。大部分人什么都没看到。然而，也有少数几个确实看到了一点什么。差不多在半夜，我总算离开那个房子回去睡觉的时候，几个村民声称他们在镜子里看到了一个白人。他们争论着那个白人是不是我，还是某个他们的祖先（已经死了，也可能是白人）。

这个幻象的意义在以后才变清晰。

到了这个时候，每个人都很关心莫内。他已经无法说话，无法进食。他面黄肌瘦，嘴里散发着口臭，眼神呆滞，眼睛半睁，嘴巴也半张着。他的前牙凸出，就像一个将要死去或已经死去的人。他看上去就像拉美西斯二世[1]的木乃伊。

玻璃人离开迦普恩几天后，一个账单到了。这张单子是一个萨内来的人当面递送的，让莫内的儿子们支付玻璃人服务费用的票据。来村子时他已经收了三十基纳，但他显然决定再多收一些。账单上列出了名目。

上面写着："救人一命，一百五十基纳"（差不多五十美元）。

莫内的儿子们怒了。拉法尔拿着账单找到我，问我怎么看这个事情。我也怒了。想必，他们不会真的要出这笔钱吧？

拉法尔说，他们不想出这笔冤枉钱，觉得这是侮辱。玻璃人根本没挽救他们父亲的命。莫内没有好起来。甚至相反，他的状况还比玻璃人来之前更差了。但如果他们不付这笔钱，莫内就会又激怒一个萨内人，肯定会让一切变得更糟。

拉法尔向我坦白，问题是他和他的兄弟们已经没有更多钱了。所有靠卖猪给萨内人赚的钱都已经打了水漂——全都送回给萨内人了。

或许我可以帮他们解决这个小麻烦？

莫内油尽灯枯，已在死亡边缘，一个关于他病因的最后解释——我也牵涉其中——被提了出来，这一次的主角是"大肚子"翁佳尼，那个从萨内来的碳贸易骗子。

自从那次失败尝试之后，迦普恩就不见了翁佳尼的身影。几个月前，他怂恿村民们签字出卖他们的土地，这样他就可以靠卖村子的空

---

[1] 拉美西斯二世，古埃及第十九王朝法老（前1303—前1213年）。——译者注

气发财。最后在男人房子里，他一定感觉到了这事儿要黄，因为他一直都没回来把表格收走。整个事情就这么虎头蛇尾地不了了之了，村子里那些关于发展的空谈，结局一向如此。

一天下午，翁佳尼到了迦普恩，宣布说他一直在思考莫内的病。他得出结论说，莫内的病不是因为他那个村子的巫师用一个施了法的物体侵入了他，而是因为触怒了老鲁尼的亡灵。

由于卡里的遇害事件，我将近十五年没回过迦普恩，鲁尼就是在那期间去世的。2006 年回到迦普恩的时候，我听说鲁尼死后，他的孩子们从来没有给他办过丧饭。丧饭是哀悼亡者的一个重要部分，通常在人死后的几个月到一年时间里举办。在哀悼的过程中，亡者最亲近的人（妻子死的话就是丈夫，丈夫死的话就是妻子，孩子死的话就是母亲）会待在他们的房子里，一片被西米棕榈叶隔出来的区域。

哀悼中的人被视为是危险的，因为亡者的灵魂据说会"附着"在哀悼者的皮肤上。哀悼中的人除了夜里去上厕所，不准离开房子。他们也不准做饭，或直接用手吃饭，因为他们甚至对自己来说都是危险的——就像刚生完孩子的女人，被隔离开的悼亡者得用类似筷子的小钳子吃东西。他们得把头包起来，让头发长长（如果是男人的话，就是蓄胡子），在整个哀悼期间都不准洗涤。

哀悼者这样久坐着不洗不漱可以持续多长时间，这取决于亡者的亲戚们有多卖力地弄到丧饭所需要的猪以及种植菜园里的作物，丧饭的开席也意味着哀悼的结束，这个时候哀悼者终于被准许出去，沐浴，继续之前的生活。1980 年代中期我在村子里的时候，赶上了这个传统仪式最后一次在迦普恩操办。我走访了好几个悼亡者，他们惨兮兮地坐着，我敢说他们的脾气会变得奇差无比，身上恶臭阵阵。

大约在 1993 年，七十岁出头的鲁尼过世的时候，村民们差不多已经放弃了悼亡者要经历的冗长隔绝期，也开始推后标志着哀悼结束的丧饭——部分是因为这样他们就再也不用担心有一个发臭的没耐心的悼亡者在他们房子的角落里干耗着了。鲁尼的丧饭一直被推后，到了 2006 年，依然没有举行。

对鲁尼的亡灵来说，这是奇耻大辱，因为丧饭除了标志哀悼者隔绝期结束之外，还是对亡者地位的庆祝——这个人越重要，丧饭的规模就越盛大越豪华。至少从 1970 年代到他死之前，鲁尼都是迦普恩唯一最举足轻重的存在：他被多次推选为 komiti，他在推动政府在邻村旺安建小学的事情中扮演了关键角色，他是虔诚的天主教徒，积极劝说很多玛利恩堡的神父偶尔来一趟迦普恩，给婴儿施洗，给新婚夫妇做证婚人。而且"二战"前鲁尼自己就被传授了祖先崇拜"坦巴兰"（tambaran），他是传统知识的宝藏。没有用一顿丧饭纪念鲁尼的一生，这样的懈怠无异于丑闻。

当然，村民们对此心知肚明。2006 年我刚回到村子里的时候，遇到的第一个小麻烦就是找我帮忙资助鲁尼的丧饭。要买米，还有咖啡、白糖、牛肉罐头，如果有啤酒的话最好。我给了他们九百基纳，平分给了三个德高望重的人，他们都和鲁尼有关，都代表了村子里几大不同的宗族。

尽管有我出手相助，丧饭还是没办起来。

第二年也就是 2007 年，收了我钱的其中一个人被死亡蛇咬了。那人把钱埋在了雨林里的某个地方保管。村民们告诉我，那个时候这个人因为中了死亡蛇的毒，躺着口吐白沫，痛苦地抽搐，这一定是一幕悲喜交加的场景，他们急坏了，要让那个人告诉他们，把钱埋在了什么地方。那人还没说出秘密就断气了。

收了我钱的另外两个人，其中一个就是莫内。他那三百基纳给了一个只来过一次迦普恩的人，那人听说莫内手里有一笔巨款，劝他说可以帮他把钱带去城里换成金子。这是一个现代版的"杰克与魔豆"[1]的故事，唯一不同的是，在这个版本里，杰克连豆子都没得到。那个人带着莫内的钱跑路了，从此音讯全无。

翁佳尼得出结论说，鲁尼的鬼魂生气了，因为人们没有为他操办丧饭。有两个事实指向这一结论。第一个是莫内在他的园子里中邪昏倒——他的妻子索帕克说是因为我那天"一直问一直问"导致的。莫内的园子离鲁尼的老园子很近，这一近距离现今被提起，变得意味深长。

为什么这会变得有意味是因为我的房子外面就是一个男人房子的废墟，那个房子是给鲁尼建的。村民们造了我的房子后，清理了留在那个男人房子里所剩无几的老柱子。中央的那根巨大的柱子延伸了整个房子的高度，支撑着屋顶。当他们把这根柱子推倒的时候，柱子从他们身边滚了出去，停在了我家的地基旁。在村民们看来，这意味着鲁尼的男人房子的一部分力量传送到了我那个卑微的住所，这让我成了鲁尼亡魂的中介。村民们都知道我不高兴，因为他们没有把我送的钱用来操办鲁尼的丧饭。（第三个收了我三百基纳的人是鲁尼的其中一个儿子，他把这笔钱花在了给自己买礼物上。）翁佳尼得出结论说，我的不满被鲁尼亡灵的愠怒放大，从而把莫内推向了死亡的边缘。

翁佳尼跟我说了这个之后，我禁不住回想，我出于好心慷慨解囊，给了村民一大笔钱，在他们看来反而导致了一个德高望重的老人死亡和另一个人生命垂危。

---

1 "杰克与魔豆"讲的是杰克通过一头奶牛换的魔豆所种出的巨大藤蔓爬到巨人国，利用智慧从巨人国得到财富的故事。——译者注

在迦普恩，好心没好报，这是真话。

幸运的是，大肚子有办法解决这一令人扼腕叹息的局面，不用说，肯定要他出面大操大办一顿丧饭。

第二天，翁佳尼就带领村民在莫内的脚边破开了一个椰子，召唤鲁尼的亡灵，请求亡灵不要对莫内生气。随后村民们排成一列来到我家。他们在房子外围绕了一圈，像之前那样洒了几滴椰子水，然后爬进了屋里，在里面走来走去，把椰子水洒在地板上，让房子"冷却"，切断和鲁尼那个旧的男人房子的联系。

莫内的孩子们仅剩几头猪，又杀了一头，我贡献了一大罐雀巢咖啡，一磅白糖以及十磅大米。女人们准备了丰盛的煮猪肉和米饭，他们还煮了好几大壶热水泡咖啡，把每一样东西都送去村子中央的一个男人房子。不过，在这一桌宴席入口之前，翁佳尼让村民们公开向我道歉，因为他们没有把我给他们的钱用来给鲁尼办丧饭。我则被要求讲上几句，说自己完全没有因此生气，并召唤鲁尼的灵魂，请他也不要再动气。

那个时候，一杯放着巴豆叶的水在屋里传递，翁佳尼指示所有在场的男人、女人和孩子用手指蘸一点水。这是为了"冷却"每个人依然感受到的怒意。这一步结束了之后，所有人挨个儿一言不发地从我身边经过，握了握我的手。我则被示意把这杯水拿去莫内的房里，莫内的妻子索帕克还有几个亲属坐着照顾他。我们到了房里的时候，翁佳尼让每个人互相握手，以示大家已经达成共识，不再生气。我则被要求用一个匙子给莫内喂几口水。

莫内的一个侄子扶他坐了起来，我尽量轻轻地在他凸起的牙齿和肿胀的舌头旁滴了几滴水。然后我被要求用杯子里的叶子在房子各处洒水，我照办了。然后我把这杯水放在莫内旁边的一个木台上，仪式结束了。

鲁尼的亡灵得到了安抚，我的怒意消退，大肚子心满意足地拍了拍自己的啤酒肚，热情洋溢地宣布说，我们所有人都可以回男人房子饱餐一顿，当然菜肯定凉了，就等着大家下肚了。

莫内的身体没有好转，最后他被送去了塞皮克河上的玛利恩堡医疗站。做完了每一件他们认为能劝服巫师解除巫术的事情，让祖先的灵魂消去了怒意之后，莫内的孩子们现在终于决定把他带去玛利恩堡。

这一系列事件是很典型的。村民们犹豫不决要不要把生病的人送去医疗站，部分原因是实在太远了——距离迦普恩有八个小时的路程，而且得很辛苦地划木筏过去。但大部分时候，之所以犹豫不决是因为他们把医疗站和死亡联系在一起。几乎不可避免，被送去玛利恩堡的患病的村民都是死着回来的。这一高死亡率部分是因为医疗站的药物极其有限，也没有能做 X 光或做手术的设备。但大部分时候，人们死在玛利恩堡是因为当村民们最终决定获取医疗帮助的时候，就算他们真的这么做了，也已经无力回天。

当莫内被固定到一个临时停尸架上，放到他儿子肩上的时候，明显已经快不行了。儿子们得扛着他走上一个小时穿过雨林到河边，再划木筏去玛利恩堡。他那双已经看不见东西的眼睛里布满珍珠一样的膜状物，起泡的舌头翻在张开的嘴巴外面，浑身就像起了一阵薄雾，散发着病态的甜甜的木兰花味的死亡气息。

几天后，莫内的尸体被放在离开时的那个停尸架上抬回了村子。他的尸体躺在儿子拉法尔的房子里，屋里很快就被哭泣的村民填满。他们一整夜抚摸着莫内的尸体，一边抽泣一边大声念着悼词，哭喊着说莫内丢下了他们，哀求他醒过来跟他们说话，哀叹着他之前常坐在阳台的那个地方现在空了。

早上，莫内被送去了村里的坟场，跟所有其他村民一样，被埋在了一个没有任何标识的坟墓里。他的妻子索帕克是有年纪的人，还尊重传统的方式，去隔绝了一个月，那之后他的儿子责备她就跟个没有开化的野蛮人一样，让她不要把自己藏起来。

尘埃落定后，在所有莫内的可能死因中，村民们最后盖棺定论的一个解释是，萨内的一个巫师本来想用施过法的物体杀掉摩西那个脾气火暴的妻子玛丽娅，因为她总是看什么都不顺眼，但巫师擦枪走火了，射中了无辜的莫内。

于是，就像所有其他村民以及耶稣那样，事情就是莫内是因为他人的"过错"而死的。

第十四章

卢克写了一封信

Luke Writes a Letter

在热带雨林里，日出日落总是一瞬间的事。就在早上六点之前，夜晚浓稠的黑褪成白蒙蒙的灰，十五分钟之后，太阳就突然升空，光芒万丈。到了晚上，就是十二个小时之后，分秒不差，太阳似乎还没来得及下山就掉了下去，就好像它有约已经迟到，赶不及地要把自己挤到地平线以下。

太阳一消失，村子里就漆黑一片了。村民们映着灰暗的月光（如果有的话）走来走去，或者拿着手电筒，大部分成年村民都有，哪怕灯泡常常灭掉，电池经常没电。

在他们的房子里，村民们要不就坐在用来准备晚餐的小火堆旁（女人会努力在夜幕降临，还能看清在做什么东西前把食物准备好），或者走到走廊外面，坐在一个大的金属盆边上，里面的柴堆还烧着余火。这些柴火发出微弱的亮光，但主要是用来随手点燃村民们随处可及的报纸卷烟。

在村子里的时候，我用煤油来点灯，大部分村民利用这一点，把一根小绳作为灯芯插在旧罐头里，做一盏简易的小灯。他们用我的煤油提供的那一点闪烁的黄色微光点亮了夜晚。我不在迦普恩的时候，有的人就点起中国制造的廉价电池节能灯笼，这是一个有商业头脑的村民从城里买回来的，再卖给迦普恩人赚钱。这些灯照出的蓝色冷光十分扎眼。灯笼只够持续几天，因为电池很快就会耗尽，而电池在雨林里是稀缺物资。

入夜时分是社交的好时机。有的男人就在屋前搭起露天棚子，夜里，他们就坐下来，等其他男人过来坐到炭火盆边，抽着烟，嚼着槟榔，讲讲故事，分享八卦。女人们则大摇大摆地走过整个村子，手里抱着一个还在吃奶的婴儿，后面跟着一群孩子，他们跟着妈妈踩着有叉的杆子爬到房子里，在地板上坐下，自顾自欢声笑语，而女人们坐着，抽烟，嚼槟榔，扯闲篇。

我的夜间日常和村民们是一致的。天黑前，村民们就把自己泡在齐胸的沼泽水洼里，努力洗去一天的汗水和污垢，那片水就在村外穿过一个有长"桥"的地方，或者就找个水坑洗一洗。我不走那个"桥"，因为那就是随随便便用一些又滑又不稳固的杆子搭起来的。村民们光着宽大的脚板，脚趾也很有抓地力，走起来好像没什么问题，但我每次必定会掉下去。我会去年轻男村民们去的那个水坑，就在村子另一端。我用跟一根杆子绑在一起的半个椰子壳汲水，举过头顶淋下来，假装这就是淋浴。

当我回到自己的房子时，一个孩子通常很快会在天黑前出现，叫我去他们母亲的房子里吃她们做的东西。不管谁邀请，我都会过去，坐下来跟他们聊天，然后找个机会走人，出去溜达。有时候，我有明确的目的——去见某个人，要么是因为我已经好一阵没有见过他们了，想问他们一些事情，要么是单纯因为我喜欢他们的陪伴。但我常常逛着逛着，只要看到谁坐在阳台上或露天棚里，就会过去跟他们聊天，他们好像也不介意我临时造访。

大多数时候，夜里的社交差不多九点结束，那个时候天已经黑了将近三个小时了。到了九点半，大多数成年人会抱起他们的孩子——他们经常会在地板上睡着——爬进蚊帐睡觉。男人通常会和家里五岁以上的男孩一起睡，而女人则跟女儿和小孩子一起睡。到了睡觉的时候，母亲们有时会猛然间发现她们落掉了一个孩子，那个孩子在他们刚去过的那户人家的地板上"宕机"了，按照村民的说法就是 katop，太黑所以家长们没看见。"呃，卡玛去哪儿了？"房子里会传出一个声音，叫着那个五岁女儿的名字。"我在万迪家的时候，她跟我在一起，难道不是吗？她跑哪儿去了？卡玛哦哦哦哦哦！"找到之前，母亲会满村子地叫着她那个不见了的孩子的名字。这个孩子要不就被叫醒，手上举一个点着的柴火在她面前给她照明，把她送回家，要不就把她抱进蚊帐里，让她在刚刚睡过去的那户人家过夜。

到了九点半，我的一天也结束了。我会回到房子里，关上身后的门。关上门就是一个信号。只有在和别人一起誊录录音素材，和一个老人讨论泰雅博语细节，或者当我想晚上睡觉前坐下来写田野调查笔记的时候，我才会关上门。否则的话，我家的门永远是敞开的，就像村里其他有门的房子那样。星星越发闪耀，银河连成了光带，照亮了漆黑的夜空，此刻的村子静了下来。剩下的声音只是蟋蟀有规律的鸣叫，狗吠，狐蝠刺耳的尖啸，你永远见不到的青蛙的和鸣，还有婴儿偶尔的啼哭。在这个夜深人静的时刻，我差不多确定终于可以就着灯光，把一天里发生的事情写下来，不用担心任何人会像白天那样，时不时问我要这要那打扰我。

当然，有时在夜深时分，我的竹门上也会响起一阵轻微的敲门声。这个时候，我就会绷紧神经，因为我知道不管站在门另一侧的那个人是谁，一定是来问我要什么特殊东西的。

莫内下葬两周后的一个深夜，我听到门上传来了一阵短促单调的叩门声。

当我打开门的时候，莫内最小的孩子，十九岁的卢克站在门外，脸上挂着詹姆斯·迪恩[1]一般楚楚动人的笑容。卢克的哥哥最近给他剪了个发型，他哥哥在村子充当理发师的角色，因为他是村里唯一有剪刀的人。他哥哥给他剪了一个平头，两边和后面的头发都剪得很短——这种发型在殖民时代是"厨师男孩"[2]和教会学校学生的时尚。新发型让卢克显得老派而纯真。他穿着欧鸲蛋蓝色的网球衫，纽扣扣到了脖子。他看上去衣冠整洁，清新阳光，就像要去教会时的打扮。

我让卢克进来，关上身后的门，坐在那把蓝色塑料椅子里。他跟着我，坐在了我对面一把一模一样的椅子里。我把正在写的笔记本合上，放在一边，对卢克笑着，问出了我的标准开场问题："你有什么麻烦吗？"

卢克说他想知道我什么时候走。我想他的意思是问我下一次什么时候离开村子去马当，我每隔六周就会去这个镇上采购东西。我告诉他我也不知道。但回答了他的问题后，他提问的方式让我停顿了一下，说："你是问我什么时候去马当吗？"

他说不是，他的意思是我什么时候回国。

这让我意外。这个问题的答案是常识。几个月前我刚回到迦普恩的时候，我就通知了每个人我计划待多久，而且每次有人问起，我都

---

[1] 詹姆斯·迪恩（James Dean，1931—1955），已故美国男演员，代表作有《无因的反叛》《伊甸园之东》等。

[2] 殖民时代的词语，指的是给白人殖民者做饭的年轻人。——译者注

会重复这个时间。我很确定卢克知道我什么时候回瑞典，因此我的大脑开始飞速运转：为什么他大半夜私下跑来问我这个？难道他想跟我一起走？他要让我给他买张机票带他一起回去？

我紧张了起来，寻思着我该怎么告诉他，我离开的时候没法把他一起带走，这超出了我的能力范围。我跟他说了我一直跟每个人都说的话：我会在十二月也就是四个月后离开，但具体哪天走还没确定。

卢克点了点头。他问我，如果他写了一封信，能不能让我把这封信带回瑞典？

我松了口气，心想："唷！卢克想要个笔友。"在过去的几周里，像萨拉冈之类的村民一直在说一个现象，他们从沿海村子的年轻人那里听说有一艘装满游客的游轮差不多每隔六个月就会登岸一次。显然，有的年轻人问游客要了地址，这样他们就可以成为"笔友"（pen pren），游客们答应了。这个事情让村民们很兴奋，他们发现了一条新的通往变革的道路。

"好的，没问题，"我告诉他，"我会把这封信带回去的。"

卢克笑了。

对话似乎结束了。但卢克没有要走的意思，这让我不安，好像他还有什么要说。于是我问他："你想把信带给谁？"

他的回答让我的血液瞬间冷却。

"爸爸，"他说，"我想寄封信给莫内。"

在1985年那个狂风暴雨的夜里，当村民们向我透露说，在他们眼里，我是一个刚还阳的死人的时候，我就觉得很不安。那个时候，我还不懂他们所持的信仰会导致他们把我看成一个复活的村民，此外，我也有一点害怕这样一个角色会有什么后果。他们觉得自己死去的父老乡亲会作何反应呢？他们期待我做什么呢？

事实证明，我作为一个刚复活的过世村民这一身份，并没有对我和村民的关系造成任何戏剧性的影响。恰恰相反，他们把我看成另一个状态的自己人的想法，反倒更容易让他们以热情温暖的态度接受我，直到今天我还对此心存感念。

在那些年里，部分通过问一些很谨慎的问题，但大部分是无意间听到村民们互相间的交谈，我拼凑出了他们认为我是一个复活的过世村民的原因——以及他们眼中的巴布亚新几内亚以外的世界是什么样的，他们在世界上处于什么样的位置。

想象一下突然间不知道从哪里冒出了几个外星人。他们看上去像人，但说着一种没人听过的陌生语言。他们的头发是不同的，皮肤是不同的——他们的表皮里有小袋子，能从里面取出神秘的东西（巴布亚新几内亚人之前从没见过衬衫或裤子，他们最初见到欧洲人的时候以为这些衣服是那些人的皮肤）。想象一下他们是坐着豪华飞船来的，村里人甚至从来都想象不出有这样的东西存在。这些人还有让村里人叹为观止的奇异装置，如果他们不高兴或生气的时候，还会置你于死地，给村子带来灭顶之灾。

上述就是巴布亚新几内亚人第一次和欧洲白人探险家、殖民者相遇时的情景。这样的初次相遇在这个国家的历史上发生过多次，从19世纪中期开始，一直到1930年代才结束。20世纪的头十年，迦普恩人听说了白人的存在。第一个遇见白人的村里人叫达尔，他跑去一个沿海村子想一睹外星人的风采。他带了四个大山药，跟对方换了一把钢锛子。

村民们一旦亲眼见到白人不只是传言或某人的想象，就开始问自己："这些人是什么来头？""他们为什么来这里？""为什么他们现在来这里？"

以及"他们可以给我们什么？"

这四个问题是迦普恩的村民依然有待破解的谜。

一开始，他们转向传统神话寻求解释。村民们有一个神话，主角是一对叫阿瑞纳和安迪纳的兄弟。兄弟俩手足情深，直到一个女人进入了他们的生活：哥哥阿瑞纳娶了她，她却背叛了他，转头勾引小叔子安迪纳。哥哥发现了妻子的不忠，预谋杀掉安迪纳报复。一天，阿瑞纳找安迪纳帮他挖一个坑，用来支撑他想造的男人房子的巨大主柱。他怂恿弟弟下到洞里挖深一点，安迪纳下去了，一直挖啊挖。安迪纳刚挖到洞底，哥哥就搬起了那根硕大的柱子猛插下去，他觉得安迪纳这下肯定被压死了。然而，安迪纳比他哥哥聪明。他对哥哥的预谋早有预感，就挖了一条逃生通道。当抬头看到那根柱子落下来直逼头顶的时候，他就逃进了隧道里。后来他从雨林里另一个离哥哥很远的地方爬了出来。

在这个极具创造精神的弟弟的事迹之后，神话仍旧继续。故事讲的是某个时候他造出了两类人：黑皮肤的人，用木头造的，浅皮肤的人，用西米棕榈树的粉色的髓造的。最终，那个妒火中烧的哥哥发现了安迪纳侥幸没死，就去找他了。神话的结局是兄弟俩重归于好，乘着一条施了法的木筏永远离开了巴布亚新几内亚。他们把安迪纳用西米棕榈树的髓造出来的浅皮肤的人带走了，抛下了黑皮肤的人，还有阿瑞纳那个出轨的妻子。

兄弟俩扬帆远航，浪迹天涯，从此再无音讯。

迦普恩知道这个神话的老人们推论说，兄弟俩去"各国"了。显然，村民们都认同，白人是安迪纳在巴布亚新几内亚造出来的粉色人的后代。更进一步，他们推论说安迪纳把他的技术带去了那些国家，发明了工厂，生产出了所有的钱币、飞机、地铁隧道、舷外马达、衣服以及白人能得到的其他商品。然后村民们开始填补空白：不知怎么的他们就得出结论说，最终安迪纳觉得自己对不起生他养他的巴布亚新几内亚，想回那儿"修补"（stretim）被他抛下的可怜的黑人物种。

然而，澳大利亚人阻止他这么做，堵住了他的回路。他们不想让巴布亚新几内亚人拥有跟他们同等的知识、权力和肤色。

随着村民们皈依基督教，像这样的神话甚至更像那么回事儿了。很明显，阿瑞纳和安迪纳就是《圣经》里的该隐和亚伯这相爱相杀的兄弟俩。圣母玛利亚就是佳蕾，神话故事里的一个始祖，很久很久以前她来到这片土地，发现怀孕的妇女都被杀死了，因为她们被开膛破肚让肚里的孩子出生。佳蕾给了她们子宫，这样她们分娩的时候就不会死去。她还做了人体器官移植手术，把之前装饰男性身体的胸部摘下来安在了女人身上。作为补偿，她把女人的胡子给了男人。

一些无心的话刺激着村民寻找答案。在1950年代末，一个只到过迦普恩一次的神父偶然提到，他的祖国比利时是"namba wan kantri"。在皮金语里这是一个很模糊的词组，既可以表示"最好的国家"，也可以表示"第一个国家"。村民们选择了后一种解释，"比利时"是地与天相接的地方这一观念直到今天依然在迦普恩根深蒂固。

村民们奔走相告，如果比利时是天和地相接的地方，那巴布亚新几内亚就是"最后的国家"，是离权力、荣耀和商品的宇宙中心最遥远的地方。就我所能从村民谈论世界的方式来判断，他们都——我的意思真的就是他们所有人，包括那些上过学的，看到过地图，也许甚至还见过地球仪的——把世界想象成一条神秘的弧线，开端是"最后的国家"巴布亚新几内亚地底下，曲线上升到比利时，那个和天堂比邻的地方，最终在罗马结束，那个教皇和耶稣还有他的母亲玛利亚以及她的丈夫上帝生活在一起的国家。（村民们谈论来世时，玛利亚在人间的丈夫约瑟夫不见了。）来自"各国"的人们可以坐飞机自由去罗马、去天堂，使得他们能够沐浴上帝的荣光。翻译过来就是："获得不义之财"。

大多数巴布亚新几内亚人现在只能通过死亡才能去罗马。有些人是例外，最重要的就是这个国家第一个同时也是多次出山的总理迈克尔·索马雷爵士。村民们一致认为索马雷是少数能得知白人秘密的巴布亚新几内亚人中的一个。他去过罗马，见过教皇，还有可以生财的法力无边的书籍。他会长生不死（事实上，这种想法或许有几分道理，因为八十二岁的索马雷已经比绝大多数巴布亚新几内亚人活得都长了）。村民们说他会一直变老变老，直到老态龙钟的时候，吃点药就又可以变年轻了。换句话说，就像雪儿[1]一样。

巴布亚新几内亚人死的时候，那些犯了重罪（比如自作主张堕胎）的人最后的归宿就是在雨林里的一棵西米棕榈树下，一直被雨淋。但亡者的家属会给一个萨内人五十基纳帮亡者"登记"，让他们可以继续前行。当他们继续前行的时候，他们就和所有其他死去的已经去了"各国"的村民走到一起，在那儿他们的皮肤会变白。在那些国家，村民们会拿到鞋子和袜子。他们住着有水有电的华美的房子，只需要按一下开关就能得到食物、崭新的衣服或任何东西。他们可以去上学。一旦在学校里练好了英语，就能找到工作（和亡者直接沟通的萨内人告知村民，他们大多数亲戚在做护士或会计的工作），他们还为留在村里的家人担心。他们想寄钱回去。有时候，他们伪装成游客回到巴布亚新几内亚，就为了看家人一眼。但也可以通过写信联系（村民对于交个"笔友"的兴趣并不是一个单纯的爱好，他们想直接得到什么东西），而且今天还可以通过电话联系，如果你弄得到他们的电话号码的话。

像这样的信仰虽然看上去有点古里古怪，但并不是迦普恩所特有的。整个新几内亚岛都盛行"太平盛世"或"货物"崇拜[2]，指的是这

1　雪儿（Cher），生于1946年的美国女歌手，被称为"不老歌手"，屡次复出。——译者注
2　货物崇拜是一种宗教形式，尤其出现于一些与世隔绝的落后土著之中。当货物崇拜者看见外来的先进科技物品，便会将之当作神祇般崇拜。——译者注

样一种观念，如果信众以恰当的方式完成某些特定行为，天堂的门就会打开，耶稣就会下到人间，丰足的太平盛世就会到来。货物崇拜有各种各样的名称——崴拉拉疯狂运动、马布崇拜和帕辽运动等——自从白人到来的那天起，就一直存在于整个国家，今天依然兴盛。

"二战"后席卷迦普恩的几种更新的崇拜之一跟一个叫兰贝特的塞皮克河人有关。1990年代初的一个下午，这个人出现在村子里，宣称是上帝派他来的。村民们给他造了房子，追随他的教导，主要是每天下午和大部分夜里祈祷。在这些祈祷活动中，一些村民开始胡言乱语，在一种喧闹的宗教式的迷狂状态下瘫倒、发癫。这种情况持续了好几个月。不幸的是，就在兰贝特原计划让死者带着白皮肤、揣满金钱从坟墓回阳的那天，一个一岁的男孩死了，他的母亲还养了七个女儿。兰贝特扬言他可以把这个孩子救活。他让母亲和其他所有人不要哭，坚称他们的眼泪只会"堵住"男孩的灵魂回到体内的路。

整个晚上，兰贝特和村民们都在为男孩的尸体祈祷，请求上帝、耶稣和圣母玛利亚让他复活。太阳升起的时候，显然这个男孩不会回来了。那个时候，男孩的其中一个姐夫暴怒，朝兰贝特的头一顿猛打。兰贝特被抬去了隔壁的村子，从那儿有人用木筏载着他上了塞皮克河。最后，他去了韦瓦克省会的一家医院，治好了他的下颚破裂。几周后，他回迦普恩收拾了自己的行李，然后去了莱城，没多久就死在了那儿。

卢克向我提出给他死去的父亲送一封信的请求让我毛骨悚然，不仅仅因为让我赤裸裸地想起了村民们把我当成死人的事情，还因为这让我在道德上进退两难。

如果我说"不行，我很抱歉，我没法把这封信送给莫内，因为我实际上也没去过天堂"，我知道卢克会把这个回答当成我在拒绝。他会想：唐是个死人，他要去我爸爸在的那个地方，但他不想把我的信带给他。

如果我说"好啊，没问题，我会帮你带到"，那就让卢克确证了他的想法，我就是个在天堂和巴布亚新几内亚之间穿越的死人。

我夹在这两个同样不可能的选项中间，只好用我能想到的唯一方式回应卢克的请求。我听到自己紧张地说了一句："我会尽力的。"

我不知道除了这个我还能说什么。但卢克坐在我对面，挂着一抹讨人喜欢的露着牙齿的笑容，显然他期待我说得再详细一点。我能说什么呢？难道我说等我回了瑞典，就安排和他爸爸的亡魂一起喝杯鸡尾酒，把信给他？我凌乱了。我抓了几根救命稻草，我说有人给了我一枚鹤鸵蛋让我保管到它孵化。我说我每次晚上去水坑里洗澡和回来的路上，经过莫内的房子时，都会想起他，因为他通常会坐在阳台上，我俩总是会聊会儿天。我谈到了最近几天下了很多雨。为了避免提及任何关于我要怎么把一封信送给一个已经死去的人，而且我莫名其妙就默认了寄信的事情，我几乎都要给卢克唱首歌或演一段杂技了。

最后，我装作打哈欠的样子，说已经不早了，我累了，不像卢克和其他村民，我白天都没怎么睡。此外，我要上厕所了。我停顿了一分钟，生怕他还有什么要告诉我。但他只是盯着我看，笑了笑。"好吧，"我寻思着，"到此为止了。"我站起来向门口走去。卢克告诉我，他问到了他这趟来想问的事情。他跟着我到门口，下了梯子，我俩告别的时候，他向我说晚安，我马上去了林中爬满蜘蛛的小茅房，我本来压根儿不用去那儿。

自从三十年前那个下颚破裂的兰贝特离开迦普恩，村子里又出了一桩货物崇拜的大事件。1994 年，莫内的儿子（大卢克二十岁的哥哥）拉法尔刚从另一个村子回来，路上穿过一片沼泽地的时候，脚被一条死亡蛇给咬了。事已至此，拉法尔向上帝保证，如果他大难不死，他愿为上帝做牛做马。他拒绝了所有老派的帮助，比如让一些男人一边在他身上吐口水，一边念魔咒。就在快要失去意识的时候，他嘱咐家人祈祷他醒过来。他们想办法当天就把他送去了玛利恩堡天主教传教医疗站，然后他醒过来了。

在去玛利恩堡的路上，拉法尔经历了一番灵魂出窍的体验：他出现在一扇巨大的门前，并跟一个坐在门前椅子上的高大白人说话，那个人跟他说他阳寿未尽——他还得回去工作。他回忆说，当他在传教站醒过来的时候，看到两个白人男人和三个白人女人坐着木筏来了。他们提着装着给他的礼物的箱子，但他们只和拉法尔的父亲莫内说话，向他保证拉法尔会没事的。然后他们就回到了木筏上，离开了。

是莫内把他的儿子送去的玛利恩堡，而且在照顾他期间一直陪伴左右，他说他从来没有见过什么五个白人，更别说跟他们说话了。但拉法尔坚持说那些人真的来过。

村民们看过太多悲剧，知道被死亡蛇咬通常就意味着会痛苦死去。拉法尔的复苏堪称奇迹，他利用了这个奇迹。他是周四的时候被咬的，接下来的周日，他就康复了，还去参加了传教站教堂的弥撒。他告知了每个人，他的身体死了三天，到第三天的时候，他活过来了。

他是上帝之子这一点再明显不过了。

回迦普恩的时候，拉法尔把那些感到惊奇不已的村民们召集在一起，带他们去雨林里做"悔罪"仪式。他们在一片树丛里待了整整一周，什么东西都没吃，就靠喝水维持生命。他们整日整夜地祷告。在已经筋疲力尽饿到虚脱的状态下，他们听到拉法尔用一种先知的口吻在和他们说话。村民们从雨林回来后，齐齐开始向隔壁村的村民传播拉法尔的福音。要旨就是传统的那些东西都是邪恶的，必须革除，这样才会有改变。迦普恩人去周遭的村子里跑了一圈，但没几个人听他们的。

大概两个月后，村民们结束了巡访回到了家里。对于拉法尔的崇拜崩塌了，因为有男人指控他利用自己新树立的先知地位企图和他们的妻子睡觉。

今天，拉法尔还是村里祷告队的领头人，也是玛利恩堡天主教传教站在这边的联络人。他在组织教会活动上扮演了领头的角色，比如年轻人的坚信礼，差不多十年一次，还有十月里每天晚上背诵玫瑰经，那是玛利亚妈妈（即圣母玛利亚）的月份。祷告队队长这一身份在村子里赋予了拉法尔一定的地位，也给了他机会对别人呼来喝去，这显然也是他渴望的。但让他感到耿耿于怀的是他那十五分钟（或者按照他的情况是两个月）的短暂名气早就过去了。他经常逮着机会就不忘提醒村民们他被一条死亡蛇咬死过又活了过来，而且他很快就会提到他游历来世的经历给了他神力，最好不要轻易触犯他。他会语带威胁地说他有"祈祷尖头"（ol pre poin），这些祈祷可以像箭一样向人射击。他还会暗示说他有玛利亚妈妈的耳朵，他会朝着那些触怒他的人的方向念咒，"我只要念一句咒，那个人就会没命"。

尽管迦普恩已经将近二十年没有货物崇拜的活动，太平盛世的想象还是盘活了村民们的世界观，就像强大的海底洋流时常在他们的生活表面下奔流汹涌。没有一个月村民们不嚷嚷哪里又有了一个新消息，一条打开货物开关的"道路"被找到了。在迦普恩的那些年里，我记录的老实巴交的村民陷进骗局的次数真的让我感到郁闷，永远是来自地方上的江湖骗子说服他们，如果花钱"成为会员"（kamap memba），比如银行的、非政府组织的、公司的、土地权交易的、碳贸易协议的，或不管什么吧，他们就会得到一笔钱和商品，但具体有多少不知道，日期在不久的将来，也不知道到底是哪天，但反正莫名其妙地那天从来没来过。

一个半月后，卢克把写给他父亲的信给了我。信是手写在三张发霉的纸上的，显然这封信花了好一阵才写好。有两张是用一支蓝色圆珠笔写的，那是他问我要笔写信给他不计其数的女友的时候，我送他的。第三张是用褪色的黑墨水写的，写的风格有点像一篇补遗。

我问卢克是不是想让我把信敲进我的电脑，然后打印出来，就像我帮他处理那些情书的时候一样——又或者我只需要把他交给我的带到就可以了。他告诉我，我应该打印出来。"好极了。"我想，我提醒他，我和他还有其他村里的年轻人的交易，任何我帮他们打印的东西我都可以用到我的作品里发表。没问题，他说。

经过卢克的允许，以下就是他写给过世的父亲的信的全文。我把它翻译成了英文，但保留了原初的行距、下划线和标点符号。除了 Tayap Num 这个在泰雅博语里表示"迦普恩村"的词组和 "Your's faithfull"（"你忠诚的"）这个英文词组之外，信是用皮金语写的：

Tayap Num

安戈拉区

韦瓦克东塞皮克

省

亲爱的爸爸！！

　　数字＝1）！！我们一家人真的很担心你你病了我们以为你会好起来的，但没有，你离开了我们死了走了。你去了一个幸福的地方我们在一个受苦的地方。谁会取代你的位置。谁会教我们，就像你那样。

数字（2）

爸爸你还活着的时候你看到过所有我们的争斗。全村人和我们决裂了。爸爸我们担心的是什么？你给我们回信的时候你得写下你的手机号码。现在你是个鬼魂你看到发生在我们身上的麻烦。

爸爸你在一个幸福的地方

我们在一个受苦的地方

爸爸你要把你的手机号写下来你让我们担心啊！爸爸这是卢克带着全家人的牵挂给你写的信！！就写这些吧

你忠诚的

数字（4）[1]

爸爸有一件大事家里人不知道我偷偷写信告诉你家里人的大麻烦。爸爸你得给我们打一笔钱数目是K30000基纳（大概20000美元）。钱要给你的孩子们爸爸你要把钱交给唐·萨拉奇

你一定要把那笔钱分毫不差地送过来

还有爸爸你要给我带一个唐那样的手电筒

就是这些

你忠诚的爸爸

数字5！！

爸爸迦普恩的整个村子的人。他们都跟我说我是一个给女

---

[1] 卢克的信里没有"数字（3）"，直接从"数字（2）"跳到了"数字（4）"。

孩写情书的男孩。他们知道我是一个告诉了唐烦心事的男孩。我知道我的烦心事都会解决的我过后就会开心的当我看到他们都在浪费时间谈论我的时候。真的真的我找到那条路了。

数字6！！
爸爸真的真的你得把那笔钱给我们数目是K30000基纳。
1）还有你要给我一个手电筒
2）爸爸你要给我们一个卫星移动电话，两个
爸爸你会把这些东西带给我们吗？全村人会看到我们家发生大变化的。
你忠诚的爸爸
爱我的父亲

迦普恩的村民对污染我们这个世界的畸形不平等提出了真诚且尖锐的批评，而卢克的信就是所有这一切的缩影。他父亲去了一个幸福的地方，而村里的每个人都还在原地受苦，卢克这一甜蜜的哀叹一针见血地回应了村民们是如何把他们的生活和莫内去的地方也就是那些国家联系起来的。

但卢克的哀叹并不是天真的观察，或是对生命消亡的诗意反思——它是对于责任的吁求。正因为莫内去了一个幸福的地方（现在估计应该找到了会计的工作，住进了一个只要按一下开关就会任何东西应有尽有的房子），他才得分享，这封信直接讲出了重点：卢克想让他父亲送东西。他顺带给他自己要了几样礼物：跟我一样的手电筒和卫星电话。但写信给来世的莫内的主要意义在于，伸手要比整个村的人在莫内活着的时候都没见过（更别说挣来）的钱还要多的钱。

这是货物信仰的精髓：剥开那些装模作样的圈套，你会看到坚硬如石的内核，也就是意识到白人拥有太多东西了。正因为他们拥有太多东西，才有义务分享。

在这个意义上，卢克的信与其说是写给他父亲的，不如说是写给我的。也许这也是为什么他不介意给我看，而且也爽快地答应我分享给其他人看。

我把卢克的信读成向每个地方的白人的恳求，我把它视为一个呼吁。我认为这是在朴实地呼吁我们正视白色皮肤所获得的特权，也是温和地要求白人正视我们在世界各地造成的巨大的不平等。最重要的是，对我来说，卢克的信是在真诚地祈求通过还回一些东西来弥补这不平等。

第十五章

地狱走一遭

Going to Hell

　　西格蒙德·弗洛伊德说梦揭示了几乎已经被我们忘记的童年往事，从而不可救药地改变了我们对于梦的理解，在这之前大部分地方的大多数人都把梦看成一个预兆，或看成精神领域的信号。梦指向未来，而不是像弗洛伊德的说法那样指向过去。迦普恩依然保留着类似地对梦的理解，梦被解释成未来事件，而不是过去的痕迹。

　　通过谈论梦——或更确切地说，是一种体外体验，这在迦普恩几乎和梦是一回事（做梦的时候，人们离开自己的身体巡游）——我才发现村里人是怎么看待地狱的。

　　所有的村民都很熟悉地狱。地狱是天堂的反面。这是一个有罪的人应该去的地方，因为和有信仰的人相反，他们放弃了自己的鬼魂。偶尔来迦普恩的神父会拿地狱吓唬人，警告他们那是一个受诅咒的地方,如果他们骂脏话、实行一夫多妻、不上教堂、企图堕胎等等,他们就会永远待在那儿。某些过去来过迦普恩的神父会带来这个讨厌的地方的图片,而且会很狡猾地分发给大家,知道村民们分不清图画和照片的区别,所以他们也知道村民们相信真的有人去过地狱,带了那里的人痛苦受罪的照片回来。

有的村民甚至还见过撒旦。老鲁尼偶尔说起过1960年代或1970年代的某个时候他在玛利恩堡传教站看到过"移动的图片"。在那个影片里,撒旦出现了。"他身上有装饰,"有一次我无意间听到鲁尼跟一帮少年说,"他身上的装饰真的不错。但他的翅膀像狐蝠。他还有两只角。还有一把矛,一个大的叉子。往人身上插。移动的照片是不会骗人的,"他继续说道,"就在那儿,他们拍了下来。"

一天夜里我和伊拉波坐在一起,这个女人三十五岁,是村里能完全流利地用泰雅博语和其他人对话的最年轻的人之一。我喜欢伊拉波,因为她跟我的邻居达莫一样也很彪悍。伊拉波是家里四个女儿和四个异常好斗的儿子当中的长姐,她的一生中其他人都要听她吩咐。她丈夫一直想再讨个老婆,她就主动和他离了婚,将他赶回了塞皮克河上他出生的村子,他们的七个孩子留了下来归她照顾。

伊拉波请我去她家一起吃晚饭,食物是西米喀喱和煮熟的袋狸。吃完饭后,我俩坐着聊天。她告诉我前几天她做了一个梦,梦到我用泰雅博语说我是迦普恩的孩子。在她的梦中,我告诉她人死的时候,有一种药吃了之后皮肤就会变白。在同一个梦里,她着迷地看着碟子上的一个白色西米烙饼,那个烙饼开始深呼吸。

"Fwhhh, fwhhh, fwhhh。"她说,模仿那个诡异的烙饼呼吸的样子。

伊拉波跟我讲起她的梦的时候,她弟弟卡克来她家,跟我俩一起坐在地上。我俩还没来得及讨论伊拉波那个奇怪的梦有什么意味，卡克就说他想告诉我一年前他发生的一个事情。他说，他一直想跟我说那个事情，看到我坐着跟他姐姐在聊天，他觉得谈这个事情的时机到了。

"但那不是梦。"卡克开始了。

"那是他们第一次给我下蛊，也就是去年。那个时候我真的病得很厉害，我都吃不下东西了。我去瓦当找了阿普西的爸爸（一个管自己叫阿尔伯特·普罗菲特的人，说自己可以通过祷告看清让别人生病的巫师到底是谁），他为我祷告了——然后看到了给我下蛊的人。祷告完毕之后，我就睡着了。

"但我觉得我不是睡着了，"卡克说，"我一定是死了。我离开了我的肉体，到了一条大路上。路上有一个大房子。"

我问卡克："什么样的房子？"

"一个白色男人的房子。"他不耐烦地说，仿佛他都已经说得那么明显了。反正卡克就是死了。

"我站在那儿。我死了。一个男的，一个非常年轻的男的，在跑，一个白人。我看见了他，这不是梦。我已经死了。我离开了我的肉体，灵魂出窍了。我跑着看到一个白人朝我的方向跑。我开始跟着他。我们跑啊跑，看到一个大门。是那种门，你死的时候，门开了，你进去，只进不出。

"然后我看到一个女的也进来了。一个年轻女人。她进来的时候我就问那个男的，'你想让我跟着这个女的吗？'"

"她是白人吗？"我问道。

"她是白人。没黑人什么事，"卡克说，笑我多么幼稚，"她是白人。那个男的看到了她说，'嗯，你可以跟着她'。好吧，我开始跟着那个女人。

第十五章 地狱走一遭

"然后她跟我说,'我们去地狱看看吧'。"

这个白人女人后来被证实是卡克的侄女雅克拉,几年前被一只大塔兰图拉毒蛛(在巫术中毒液可以致命)咬了之后死的。她带卡克去地狱绕了一圈。首先,他们回了他之前见过的那个房子。就在这个时候,我进入了画面里。

"我俩进了那个房子,"卡克说,"房子里面有堆成山的鞋子。其他什么都没有,就是很多很多鞋子。整个房子里都是鞋子。"

"什么样的鞋子?"我问道。

"你上一次在这儿的时候穿的那种鞋子,"卡克告诉我,"你想想。"

伊拉波显然听他弟弟说起过这个故事,打断了他说道:"就是你摔了一跤从卡维名河的桥上掉下去的时候穿的鞋子。"

"是我**哪一次**从卡维名河的桥上摔倒掉下去?"我苦涩地想。每次我踏上那堆被村民们叫作桥、一半都淹在水里的柱子,我都会摔倒,然后掉下去。

"黑白的那双?"我说,描述着我那双便宜的冒牌匡威高帮鞋,因为鞋进水后能很快渗出去。

"就是那双,"卡克说,"然后那个女的就跟我在屋里走来走去,看到了所有这些鞋子。她跟我说,'你看到所有这些鞋子了吧?唐进村子之前,带了这些鞋在村里穿'。她这么跟我说。"

卡克一脸期待地看着我。

我不知道该说什么。我想抗议。天地良心,我在迦普恩只有四双鞋子:一双凉鞋,一双我每次夜里去雨林小便时穿的威灵顿雨靴,因为我不想大半夜被一条死亡蛇咬到脚踝,还有两双便宜的帆布运动鞋。当然这表明我比任何村民都多四双鞋,除了一个年轻人,他有一只足球鞋,每次踢足球的时候都会很神气地穿在左脚上。但有四双鞋也不代表我就是伊梅尔达·马科斯[1]。

卡克停了一下，让他关于那一屋子鞋的信息慢慢渗透进来，但我还是完全想不通那是什么意思。在卡克看来，鞋子象征着我在天堂的祖国有无穷无尽的货物，这一点是足够清楚的。但为什么货物要通过堆成山的冒牌匡威鞋来表现，这个问题恐怕要请教弗洛伊德他老人家亲自帮我解答了。

我还沉浸在我的鞋子的故事中，卡克已经开始继续讲他那但丁式的阴间之旅了。

"我们离开了那个房子，我告诉那个女的我饿了。她说，'我们走吧'。我俩走在路上的时候，我看到一个小男孩——琵塔的儿子，"卡克说，用的他表弟科塞的天主教名字，"他的儿子刚死，叫贾博。我看到了他。我从那个房子下来的时候往外面看，我看到了他。啊，我看到了他。他朝我走过来，我看到他变了，他的皮肤变白了。"

"你是怎么认出他的？"我问道。

"还是那张脸，"卡克说，"但他的皮肤变白了。他进了那个开着的门。啊，我通过门看到了。

"Tru，"卡克说，用的是皮金语里的"真的"这个词，还提高了声调表示惊讶，"他们在说要去天堂。那些国家，我告诉你，有另外一种光。跟这里完全不同。那里是城市。"

"你看到了？"

"我通过门看到了。那个孩子穿过的时候，大门打开了。门打开的时候，我就看到了。我看到了另一边的世界。他穿过去的时候，门关上了。"

---

[1] 伊梅尔达·马科斯（1929— ），菲律宾前第一夫人，生活奢靡，据说衣橱里有3500双鞋子。——译者注

那个时候，卡克说他向那个年轻女人重复了一遍说他饿了。

"她说，'OK，我们走吧'。我们去了另一个房子，里面全是吃的。那些吃的全都已经做好了。就放在那儿，等着人来吃。有一种食物就像我们村子做的那种：芋头和香蕉，还有甘薯汤。但也有一大堆白人的食物：米饭和鱼罐头、肉罐头、咖啡……

"我走了进去说，'我想吃'。"卡克说他跟那个女人这么说。

"但她火了，"他继续说道，"'你不能吃那个。你还没死。你还要回去的。'她跟我说。我俩争了起来。'我饿了，我想吃'，她说，'不行，你还没死，你还要回去。但在你回去之前——我们去一趟地狱'。"

于是卡克就去了趟地狱。

"我在想，"卡克静静地说，"人们会谈起'天堂'和'地狱'。我知道。就像你骂太多脏话，神父就会说，'你骂脏话，或者你想杀人，你就要经受地狱之火。'他们这么说。如果你是一个好人，就会上天堂。他们就是这么说的。好吧，那个女的说，'来吧，我们去看看地狱，'我们就进了地狱。然后你猜怎么着？"

"怎么了？"我说。

"地狱里没有火。神父都是骗我们的，说里面都是火。地狱里没有火。这里才是地狱。我们就在地狱里。

"我看到了地狱里的人，"卡克继续，"他们在拖厕所。我问他们，'你们在干吗？'他们说，'我们在拖厕所。我们在等耶稣'。"

"他们的皮肤是什么颜色的？"我问卡克，虽然我已经知道答案。

"黑色的，"他很笃定地说，"他们的皮肤真的很黑。他们的情况不太好。那个地方干活很辛苦。就是我们现在所在的地方。

"这里，"卡克说，"就是地狱。这里。我在我的蚊帐里醒了过来。那个女人把我送回了地狱。"

第十六章

语言消亡时,实际消亡的是什么?

What Actually Dies When a Language Dies?

我编了一本泰雅博语词典,但当中还有诸多空白。完全空缺的是这门语言里大量关于花草树木的词语。我不是植物学家,尽管有一度我真的把像《巴布亚新几内亚植物手册》这样的专业书籍运来了迦普恩,但我几乎完全分不清——更不用说识别或描述——存在于雨林里的那些形形色色的藤蔓、灌木、树根、树和草的区别。走在雨林里的时候,村民们经常远远指着随便什么碰巧看到的树或藤,然后就能叫出它们的名字。我通常也不知道他们到底在指哪个——在一双没有受过训练的眼睛里,雨林里的植物都长一个样。告诉我他们指的树叫什么之后,村民们经常会补充说,这个他们让我注意一下的树和之前某个场合指给我看的某个植物很像,但"没有那么像"(i no tumas)。

这就相当于带一个从来没见过汽车的迦普

恩村民到车水马龙的洛杉矶高速公路交会口，朝一个大概方向摆手说，"我们管那个车叫本田。像丰田，但没有那么像"。

不用说，从这些雨林漫步中得到的信息几乎总是左耳进右耳出。即便我很确定我看着的正是有人指给我的那种树或藤或灌木，我通常也无法把它和其他长在周围的树、藤或灌木区分开来。

我在这方面的无能为力意味着，除非哪个训练有素的植物学家在不久的将来尽快赶到迦普恩，和村里的老人坐下来聊聊，否则泰雅博语里关于雨林植物的独特语汇就会永远消失。按照研究语言衰亡的语言学家们的说法，这样的损失几乎是天塌下来一般的悲剧。语言学家习惯性地关心语言消亡的一大原因是，像泰雅博语这样的小土著语言是关于自然、气候循环以及生态关系里自然平衡的知识宝库，但它是脆弱的。语言学家经常提醒我们这样的知识是珍贵的，且一旦消失便无可弥补。它的消亡关乎我们集体的安危。语言学家推测，关于不同本土植物有疗愈作用的地方知识，也许能帮助科学家找到医治疾病的方法，也许能帮助我们更全面地思考环境可持续性和人类的福祉，也许能为我们提供关于自然和自然界的深入了解，从而造福全人类。

语言的消亡对语言学家来说是一个情感议题。近些年来，有大量哀悼语言消亡的作品出版。这样的哀悼也多少出于某种私心，毕竟语言是语言学家们的饭碗。语言变少意味着工作机会变少（的确，由于绝大多数语言学家研究的是英语或其他的世界语言，就算送到眼前[1]，大多数专业语言学家也不会知道这是一种濒危语言）。

尽管如此，没有人会否认，一门人类语言的消亡是值得哀悼的。

---

[1] 此处来自一句英语习语"If it were a snake, it would have bit me."（如果是条蛇，会咬我的），意思是说有东西明显已经离你很近了，但你就是没有看到。——译者注

一门语言死去的时候，那些独特的、细微的、成形的、古老的东西也一并无可挽回地失落了。今天，语言正以前所未有的速度消失：语言学家们估计，世界上约六千种语言中百分之九十处于濒危状态。乍听之下，这个数字也许有点夸张，难以置信，但一想到世界上大部分人说的全都是一百种最大的语言中的一种（或者更多）就好理解了。全世界百分之九十六的人口说着这些大语种。这意味着百分之四的世界人口说着世界上的绝大部分语言。而这些语言——数千种，有许多是没有被记录在案的——被认为在接下去的一百年里面临消失的危险。

泰雅博语自然是这些语言中的一种，一百年里也一定会消失。我自己的工作只能保证，这门语言不会像谚语里说的森林里那些树一样悄无声息地倒下。然而，当泰雅博语一消失，当最后一个干梅子一样能说这门语言的老人关灯离场的时候，到底会失落什么？

研究语言消亡的语言学家通常会在书里用一章来提出这样一个问题："为什么我们应该关心（语言消亡）？"他们会给出一堆我们应该关心的理由。其中包括语言多样性要好过整齐划一，语言表达身份，语言揭示关于这个世界的某种知识，语言是记录一个族群历史的宝库。

所有这些理由都是好的；无疑都是真实的，确凿的。但它们都是鸟瞰的视角。它们代表的是那些热衷于整体图景的专家们的评判。那些已经失去或正在失去他们语言的人的视角则大相径庭。你不能指望迦普恩的村民们去关心，他们也确实不关心他们说的这门小语言会对世界上的语言多样性有什么独特贡献。而且即便当地语言在解体，他们仍保有自己的身份认同。他们还是迦普恩人——毕竟除此之外他们还能是谁呢？他们所有人还是出生在雨林环绕的村子里，成长在父母拍打过滤西米的沼泽地里，清楚地知道谁拥有那片草地和那片他们打猎的雨林，还有种植食物的园子。没错，像鲁尼和拉雅这样的老人了解的传统故事的失落，会让迦普恩人在其他村民的虎视眈眈面前更加脆弱，如果那些地方的村民声称传统上属于迦普恩的土地应该属于他们。但是，关于土地的争议丝毫不会让村民们变得不像，或不再是迦普恩人。

就关于世界和历史的具体知识而言，很多过去在迦普恩特有的东西，早在泰雅博语开始衰落之前就消失了。20世纪就像一个巨大的无情的推土机，把迦普恩人——乃至巴布亚新几内亚大部分地方的人——的生活从他们曾经相信或掌握的一切连根拔起。20世纪初那几十年，招劳力的人把年轻人带走，运去遥远岛屿上的种植园做工，几年后把他们送回来，带回一堆引人入胜的故事和一门新的语言，一个文化重塑的过程就开启了。第二次世界大战迫使村民逃离家园躲进雨林，他们在那儿悲惨地生活了至少一年。可能是日本大兵带来的痢疾爆发，导致村子人口锐减。战争一结束，天主教传教士开始涌现，村民们纷纷皈依基督教，被劝说他们古老的生活方式需要被抛弃，因为那是邪恶的。货物崇拜放大了基督教这一说法，规劝村民们毁灭他们保留下来的传统神圣的东西，阻止他们把传统的故事传给孩子，同时为基督的第二次到来做准备，他会把他们的皮肤从黑色变成白色，奖励他们上帝的荣光，比如金钱、舷外马达、铁皮盖的房子。一个学校短暂地出现了一阵，村里的孩子们学会了识字后，就用来写情书，写信给许诺他们快钱和财富的海外邮购产品目录。政府官员们出现了，敦促村民们种经济作物，却鲜有买家出手。非政府组织的代表敦促村民们砍掉所有的树。腐败的政客带着张口闭口拼发展的热情许诺来了，再窃笑地数着他们成功从土著村民那里骗来的钱离开。

整个20世纪，一直延续到今天，村民们都在被几乎每个和他们有联系的外面的人、实体或组织剥削、误导、撒谎、羞辱、蒙骗和掠夺。在这个过程中，他们并不是被动的任人宰割的羔羊——他们积极热情地追逐，渴望着改变。但卡尔·马克思的名言"人们自己创造自己的历史，但是他们并不是随心所欲地创造，并不是在他们自己选定的条件下创造，而是在直接碰到的、既定的、从过去继承下来的条件下创造"用在迦普恩这个例子里极其准确，因为村民们创造的历史实际上是在开倒车，抹除了他们共同的生活。他们丧失了自己的文化，对自己的传统无知，控制暴力的能力被削弱——最终让他们再也无法说出自己祖先的语言。

在这样的情况下，当一门语言死亡的时候，实际上已经凋零得七零八落的文化也一并死去了。那些抹平和破坏这一文化的力量远远超过了五十来个硕果仅存的泰雅博语使用者的掌控范围，让我觉得去哀叹是村民们抛弃了他们的语言，是麻木不仁甚至居高临下的。没错，这一关于人类思想如何运作的独特表达不再能够继续丰富人类的宝库，令人悲痛万分。但谁知道呢？或许村民们指给我看的雨林里某个难以分辨的植物就是医治癌症的解药。

但那真的太糟糕了。

与其哀叹泰雅博语的失落——在这样的情况下，近乎在哀怨一个秃头的男人丢了一把梳子——或许我们应该感到欣慰的是，毕竟村民们还活着——还在繁衍。他们还在计划着、行动着，还在骂着、笑着、爱着、希望着。像鲁尼和莫内这样的大人物喜欢抱怨今天的村民"往下长"——他们长得比祖先们更弱，更慢，也更愚笨了，实际上到了体型萎缩的程度。或许他们是对的。村民们当然被这个见证他们放弃一切最终一无所获的变革的世纪给压垮了。但即便村民们在缩小，他们还是那么得意，脾气还是那么暴躁——他们还在这片沼泽地里的雨林家园中顽强生存。他们的社会变得越来越暴力，越来越失调，没准儿在不久的将来它就内爆分裂了。

但当然，同样的话我们也可以用来说我们自己的社会，和我们自己。

1980年代中期,当我住在迦普恩时,老拉雅告诉我,在他祖父的那个年代,雨林里到处都是形形色色的超自然生物。从被称为 emari 的长得像巨大鳄鱼的精灵,一直到生活在树冠上的调皮捣蛋的小矮人,什么都有。拉雅的祖父那代人会在雨林里和这些生物不期而遇,他们听从这些生物,用泰雅博语和它们聊天以示尊敬,每当感觉到它们在近旁,就送它们一些槟榔或烟草作为小小的供奉。

当拉雅还是一个小男孩的时候,有一次他见到了一个小精灵。在雨林里散步的时候,他和朋友撞见了一个小人,那人吹着奇怪的口哨,隔膜和耳朵上打着长长的绳结作为装饰。拉雅和他朋友以为遇到了跟他们一样的小男孩,就追了上去——直到它直接跑上了一棵树。那个时候,两个小男孩才意识到他们追赶着的生物不是人类。他们转过身,以八岁小孩的极速逃回了村子。

回忆起这一次相遇时,拉雅怀念地笑了,然后开始严肃起来。今天没人见过森林里的精灵了,他用一种安静的困惑的语气跟我说。他猜,它们一定撤退了,要不就搬去了雨林的更深处,要不就划船去了海上。拉雅推测,森林里精灵们的离开是因为白人来到了巴布亚新几内亚。鳄鱼精灵和栖息在树上的小矮人感觉到村民们不再对他们感兴趣,也不再注意它们或向它们表达尊敬,就卷起包裹离开了。

那些曾经让村民们的雨林热热闹闹的超自然生物退场了,每当想到拉雅的这个故事时,我就会想到泰雅博语。

有的时候,我在想,也许终有一天迦普恩的村民完全没有抛弃泰雅博语。也许泰雅博语——经过几十年的无人问津、备受冷落而疲惫受伤,为未来的模样而郁郁寡欢……也许最终,是泰雅博语抛弃了他们。

第十七章

尾　声

The End

　　这是一本关于"终结"的书：传统生活方式的终结、老人生命的终结、整个村子的前"现代生活"图景的终结、妙趣横生的脏话的终结、一门被一群生活在雨林深处的人顽强地说了几个世代的巴布亚小语种的终结。

　　在这本讲述"终结"的书的结尾，我想以另一个结束来作结：我的迦普恩之行结束了。

　　在迦普恩，我度过了许多欢乐时光，但因为暴力或迫在眉睫的暴力威胁，我不得不一次次比我所愿更早地离开村子。卡里命丧歹徒之手，这导致我抛下我在巴布亚新几内亚的研究，几乎长达十五年都未曾回返。2009年我第二次长时间停留接近尾声时，传言我将被洗劫一空，这促使我搞到一架直升机，把我像从蛋糕里取出一枚葡萄干那样，让我逃出了村子。

　　被直升机带走后，我又回了迦普恩。第二

年，我回来了，平安无事地在村子里待了一个月。四年后的 2014 年，我又回来了，本来想着待上半年。哎，那次停留最终也因为暴力无奈缩短。

这次暴力发生的原因与我无关。那是一场迦普恩人和以巫师多而闻名的萨内村人之间的纷争。冲突表面上是由于两个年轻村民被指控强奸了萨内村男人和迦普恩女人生的女儿。然而，我确信，真实的原因是女孩的父亲在村子里种大麻，村上的女人抱怨他把远方的陌生人带进雨林吸食、购买大麻。迦普恩的女人们说，这些来路不明的晕晕乎乎的人的存在让她们觉得不安。我相信，这个男人意识到他的生计受到了威胁，就找他的亲戚们——其中一个是让大家闻风丧胆的精神不稳定的杀人犯——联手恐吓村民，叫他们不要多管闲事。

于是一天破晓，十六个来自萨内的男人武装到了牙齿，带着长矛、灌木刀、长弓、斧头，最可怕的是"钢丝弹弓"（一种可以发射带鹤鸵羽毛的尖头钢镖的弹弓），涌进了迦普恩。

这伙人想去杀掉那两个被指控强奸的年轻人，烧掉他们的房子。其中一间正好在我隔壁，如果这间房子着火，我的也会遭殃。

我睡眼惺忪地目睹了这一场袭击，站在那里眼睁睁看着他们埋伏，听着村里人惊恐的尖叫，已经记忆模糊的幼时看过的西部片场景再度映入脑海：好莱坞电影里的"印第安人"涂着打仗时的油漆，骑着马冲进敌人的村庄，点着了帐篷，精准地从背后朝惊恐逃散的居民射箭。

那个场景让当时只是一个电影院里的小男孩的我感到惊险刺激。

作为现实生活中的一个成年人，我可以保证，这一幕绝对是超级恐怖了。

被萨内男人的怒火瞄上的那两个年轻人不知怎么听到了他们要来的消息，及时地逃进了雨林。发现他们走了后，萨内男人开始大肆破坏。他们用长矛对着村里的猪一通乱戳，威胁那两个人的家人。他们毁坏了我隔壁那个房子里的一切，反复在房子里点火。幸运的是，他们点燃的火被住在迦普恩的女亲戚们坚决扑灭了——她们聚在屋子里努力让侵略者平静下来。起初村里的男人什么都没做，但安静地忍气吞声了几个小时后，他们反抗了。他们抓起自己的矛和灌木刀，愤怒地大吼大叫，击溃了侵略者，那些人逃回了雨林里。

这么一来，冲突的赌注加码了。接下来的几天里，一直有传言说，萨内的男人很快就会回来，这一次会带上枪。

二十年前我就见识过罪犯手中的一把枪可以在雨林里大开杀戒，我决定不坐着干等。我用我的卫星电话打给五小时路程外的一个村子的人，他用舷外马达艇把我带出了迦普恩，我离开了。

一直在迦普恩一带肆虐的暴力是极端的，但并不是什么例外或反常。这是整个国家持续至今日益升级的愤怒和冲突的一个征候。

自从1975年脱离澳大利亚获得独立以来，巴布亚新几内亚作为国家的运转一直在萎缩。农村人口占这个国家的主体，针对他们的服务和支持已经干涸成一股细流。这个国家形式上是民主政体，但老百姓选出来的政客口口声声承诺要带给他们舷外马达或金钱，实际上什么都没给他们。他们只顾着"充实自己的金库"，心灰意冷的村民厌倦地说道。透明国际也同意这样的说法，这是一个驻在柏林的非营利性公益组织，用评估和调查问卷来确定各国的腐败程度。2017年，巴布亚新几内亚被评为全世界最腐败的国家之一，在榜单上几乎垫底：在180个国家里，它排名135。

在迦普恩一带，除了自1990年代中期以来没有正经学校（自从2009年以来一所都没有）之外，方圆百里也没有一所能正常运行的医院。最近的一个所谓的救护站，位于瓦当的一个村子里——从迦普恩步行然后坐独木舟要花四个小时——大部分时候什么药都没有。里面存放的只有润滑安全套，在当地有两个用途：村民们会把润滑液涂在皮肤上用来止痒，或把安全套绑在一起做成用来打小鸟的自制弹弓的皮筋，小鸟打死后就烤来当零食吃。

迦普恩一带也没有路，没有什么钱流入这个村子里。2000年代中期到后期，曾有一度，村民们通过卖可可豆给偶尔来村子里低价收购的人赚了一些钱。但这个市场2011年的时候崩溃了，当时整个地区爆发了一种叫可可荚夜蛾的寄生虫患。可可豆生意失败后，什么都没了。现在，唯一从外面来到迦普恩的人就是一些骗子，像翁佳尼这样的冒牌政客，以及声称能够通过盯着涂油的镜子发现巫师的"玻璃人"。

根据我的经验推测，至少就这个国家我最了解的这一区域来看，接下来的日子里，情况会越来越糟。如果当前的趋势持续下去，蓄积在最可能成为罪犯的年轻人心中的不满就会激化，这也意味着这些人中越来越多会实际变成罪犯。生活在农村地区的人依然无法获得哪怕最基础的教育或医疗服务。农村人口在增长（部分原因是基督教反对传统的产后禁忌），与之伴随的是土地纠纷也会激化，无疑会变得暴力化。除了这个国家少数几个城镇，任何正常运行的警察或司法系统彻底缺位，这意味着在这些城镇之外的地方，无政府状态会盛行。那些拥有最多走私枪支（现在的枪支走私生意很红火，从西巴布亚的印尼省的边境走私进入巴布亚新几内亚）的人会成为王者。

所有这一切都意味着，巴布亚新几内亚的未来也许与索马里这样的地方有更多共同之处，而不是迦普恩人幻想有朝一日能变成的像澳大利亚或欧洲国家一样的地方。

在暴力逐步升级的情况下，这本书标志着我在迦普恩的田野工作结束了。我最后一次去这个村子时，按村民的说法，我对"睡得像头猪"厌倦了：我厌倦了在筋疲力尽中入眠，一只耳朵竖着，一只眼睛睁着，一看到村子遭受袭击就随时准备逃进灌木林里。我厌倦了孤立无援，厌倦了一声枪响会点亮热带稠密的夜晚，厌倦了担惊受怕我可能会失去所有的田野调查成果，我可能无法逃出村子，又或者我可能会丧命。

在村子里过了这些年后，我想，不止一次为了躁动不安的探索所付出的业力、九死一生、濒临死亡的体验、充满异域风情的疾病已经足够。（我得过五次疟疾，两次登革热。我的肠道里都是寄生虫，身上无数个开裂的热带疮口。有一次我整个身体连着三周都长满了一种发痒的红色真菌，无论看着摸着——最糟糕的是，甚至闻着——都像运动员的脚丫子。）我也感觉到，既然我已完成了记录泰雅博语语法的工作，写下了这本书，我对村民们抱持的记录他们语言和生活的义务最终在三十年后差不多履行了——至少是让我满意的。

我不敢保证他们会同意。但既然我实在无力开天辟地，带给村民们热切盼望的那些改变，我也承认自己能力有限。我承认我失败了。

在一个热带雨林沼泽中央的村子里做田野调查从来不会枯燥，但也不容易。这不像《阿凡达》里的人物，也不像那种刺激的男子汉探险，电视明星还在里面给自己起狼或熊这类毛茸茸的哺乳动物的名字。像我这类学院里的研究者也不会带着一个八人摄制组进到迦普恩这样的地方，过几天玩尽兴了，就包机把每个人接走。我们单枪匹马，资源极其有限。我们会负债。而且我们会待上很长时间。

现在我已经待得够久了。

该结束了。

后记　结束之后

Postscript: After the End

在本书的开篇，我提到了玛格丽特·米德，这位现代人类学之母。米德依然是少数被这一学科之外的大众所知晓的人类学家之一。就像各个地方的始祖一样，过去的这些年里，在米德的后代那里，对她的复杂情感层出不穷，褒贬不一。

在1940年代和1950年代，米德是一位备受爱戴的明星，她提供一切大众渴求的建议，从苏联民族性的变迁到女性是否应该有婚前性行为，等等。到了1980年代，她的明星光环开始减弱，她开始被批判否定。一位叫德里克·弗里曼的知名人类学家甚至发动了一场对她的个人围剿，展现出一种象征性的弑母行为，声称米德是一个轻信的骗子，她竟会天真地相信那些嘲笑她的人的谎言，总体来说，她的一切都是错的。

米德经受住了这一对她及其学术遗产的攻击，如今被那场米德—弗里曼的知名争论所掀起的风浪已经尘埃落定，显然米德的影响力持之以恒。

她的影响力会持续下去的一个原因是，玛格丽特·米德提出的问题以及她提出这些问题的方式永远不会过时或变得无关紧要。

米德认为我们有责任介入那些与我们迥异的他者。每个人都有这一责任，但那些生活在美国和西欧这样的国家和地区的人对此应承担更多的责任。那是一些享有特权的地方，也产生了积极的变革者——积极的变革者通过殖民手段，有意且无可挽回地改变了远方的人们的生活：通过让他们皈依基督教；通过让他们成为奴隶、工厂工人、种植园劳工，使他们卷入资本主义体系；通过强加原先并不存在的边界线；通过让他们进入一套先前无法想象和有损人格的种族等级制，让他们位于这套制度的底端，白人则高高在上，冲他们发号施令。

玛格丽特·米德并不反对上述许多变化。她并不期待也不想让她在萨摩亚或新几内亚又或是巴厘岛做田野调查时一起生活的人们，一直生活在原始状态。她也意识到，非西方地区的人们往往心甘情愿地拥抱雇用劳工或基督教这样的新现象提供的可能性。

她鼓励美国的受众去做的是学习那些被美国人无可避免地改变的人们，并用这一知识来反观美国文化以及广义上的西方文化，解除那个被认为是所有人类生活和人类价值放之四海而皆准的中心地位。

玛格丽特·米德于1925年开始她第一次田野调查前的几年，西格蒙德·弗洛伊德发表了一系列演讲，宣称在人类对其自身理解的历史上发生过三次革命。第一次是哥白尼革命，破除了地球和人类居于宇宙中心的观念。第二次是达尔文革命，人类走下作为上帝的特殊造物的神坛。第三次革命，用弗洛伊德的说法（他自己对此毫不谦虚），就是他自己的精神分析革命。他说，他对于无意识及其在我们生活中的作用的发现表明，人类甚至在自己家中都不是自己的主人，而我们一直赋予理性的重要性是错误的，因为我们都受到被压抑力量的束缚，它们一直在内部搞破坏。

在弗洛伊德这一欢欣鼓舞自吹自擂的列表上，我还想再加上第四大革命：由玛格丽特·米德及与她同代的20世纪初的人类学家发起的革命。那场革命诞生了一个惊世骇俗的观念，即所有的文化，不论以西方视角来看多么稀奇古怪，也自有其价值和尊严。"他们"和"我们"的区别可以教会我们，在一个诸多不同观念、视角、习俗、行为和理解并存，或在理想状态下能百花齐放的世界，人类的多样性和潜能弥足珍贵。

不过，与我们不同的人们可以教给我们什么也是一个有争议的命题。许多被喊来教导我们在这个世间位置的人们是带着愤懑承担这一角色的。他们并不认为自己的角色是去教那些通常有特权的人什么东西。他们不满于——在我看来，他们不满是对的——他们的生活像一块破烂的课程表那样被展示，或像一只高中生物课上的青蛙那样被解剖，只为让那些热心的西方自由主义人文主义者们证明自己对这个世界懂得更多，从而自我感觉更良好一些。

还有一个问题就是，不论这一课教得多好，花费多少代价，我们是否真的学到了什么。随着那片曾经笼罩1930年代欧洲的阴云再度于地平线浮现，今日更虎视眈眈地侵入我们的生活，我们也许会开始感到绝望，在当下，所谓的知识是否真的有半点用途。

由于那种认为迦普恩人或许能快乐地充当我们导师的说法暗含居高临下的意味，也因为我缺乏玛格丽特·米德那样微风拂面般的自信，认为学习异域文化就能对建构我们自身世界的力量产生什么实质影响,我不会给出任何自信的米德式的关于迦普恩村民能教会我们什么的建议,并以此为本书作结。

尽管从另一方面来说,如果我不认为他们的生活有其价值,且值得被审视,那我也不会费心写作此书。此外,我完全同意玛格丽特·米德,享有特权的人有责任介入那些处于更弱势地位的人们的生活,即便这样的介入有其限制,仅仅能知道这个世界上的其他地方还存在着其他的人,有着关于自己的存在的别样的看法——这些看法也许会让我们自己的看法变得混乱、复杂,甚至面临挑战。

我不准备详述迦普恩的村民们教了我什么,让我谈谈我自己从他们身上学到的东西吧。

我从村民们那里学到的第一件事平淡无奇,但依然值得重复,那就是:尽管他们生活在偏远的新几内亚雨林中央的沼泽地,尽管他们的日常生活和我以及我所认识的生活于欧美的人大相径庭,事实上,归根结底,村民们和我们没有那么大的不同。

我第一次到巴布亚新几内亚的时候困惑不解的主要问题是,生活太平庸了——譬如,人们在扯闲篇的时候说的话。如果读过人类学的书,你很容易得出这样的印象,像迦普恩人这样的非西方世界的人从来不会围坐在一起侃大山。相反,沉浸在仪式和传统氛围中的他们只干一件事,那就是滔滔不绝,口若悬河。而且,直到1960年代以前的人类学著述中,他们就是这样的,用学究气十足的字面翻译来说,他们听上去就像伊丽莎白时代的舞台演员:"吾不欲汝再添新妇。"一位知名人类学家引述巴布亚特罗布里恩群岛上一个妇人跟她情人说的话,"唯汝与吾二人矣"。[1]

---

[1] 马林诺夫斯基,《野蛮人的性生活》(波士顿:灯塔出版社,1987年版),第287页。

我还是一个年轻的人类学学生的时候读到这样的研究，一直不太相信地球上有哪个地方的人会像李尔王或麦克白夫人那样慷慨陈词，我也很好奇，像迦普恩这样地方的人早上醒来，彼此间会说些什么；他们和配偶或朋友交流的时候说些什么；又会和孩子说些什么。

结果我发现，尽管许多话题难免不同（欧美地区的人早餐吃麦片、鸡蛋或羊角面包时，会向配偶抱怨在工作中遭受的不公平对待；迦普恩人在就着西米啫喱吃煮熟的红树林蛏蝓时，则会向配偶抱怨，一个造访的巫师可能会在他们体内灌入什么迷魂汤），也有许多是一样的：八卦谁跟谁有桃色新闻，为某个邻居一句不中听的话不高兴，埋怨某个亲戚的吝啬，担心一个生病的朋友，为一点小事而大笑，为即将到来的一天做打算。对话的语调节奏也是相似的。对话是家常的，信赖是通过简单的日常语言交换的。没有莎士比亚式的华丽辞藻，也没有普洛斯彼罗[1]的慷慨激昂。

幽默感也是相近的，或至少能被感受到。村民们爱听打闹喜剧。最喜欢的故事就是谁被一阵突如其来的噪声，或被雨林里猛然间撞到的一条蛇、一头野猪或一只鹤鸵吓倒在地上，然后 pispis pekpek wantaim（屁滚尿流）。包含这类元素的故事经常作为一种娱乐一讲再讲。一个萨内老妇人被地震吓到直接在地上打滚，然后屎尿奔流，我待在村子时，这个故事被重复了无数遍。每一次重述时，听众们都会发出尖叫，捧腹大笑。

这种对于闹剧的喜好让我确信，村民们一定爱看卓别林。他们也一定会像法国人那样被喜剧演员杰瑞·刘易斯逗乐。

关于愤怒和冲突的话题也大同小异。婚外情是纷争的源头，配偶一方懒惰，或孩子不听话也是如此。听上去是不是很熟悉？盗窃是常

---

1 莎士比亚戏剧《暴风雨》中的主人公。

有的事，无穷冲突因之而起。

另一个一再重复的惹人不快的话题就是动物粪便。每天早上，村里的女人们醒来做的第一件事就是拿着一把铲子在房子周围巡视一遍，扫走在村子里到处乱走的猪留在女人"领地"上的粪便。一个一再引起怨恨的事情就是不是每个女人都养猪。这意味着，任何胆敢在夜间在没猪的女人院子里排便的猪都开启了迦普恩的闹钟，一响起来，每个刚入眠的人都会被吵醒。

"我明明没养猪还得铲猪屎！"闹钟狂响，别管你在凉爽的黎明时分做着什么梦，都会被这刺耳的尖叫干脆打断。

"你们养猪的女人，过来，把我家院子里的屎铲掉！我受够了铲猪屎！过来，还磨磨蹭蹭的干什么？！我没看到你铲猪屎！现在就过来，把屎铲干净！"

我在曼哈顿生活过，那儿的陌生人会盯着那些被主人牵出来遛的狗的排泄行为，目光就像老鹰一样锐利，还会发出老鹰一样的大声尖叫，大庭广众之下羞辱那些宠物主人，如果他们忘了弯下腰，在一个小黑塑料袋里摸索，然后小心地把自家宠物新鲜热乎的粪团从人行道上清理掉的话——我可以证明，因为处理其他人的动物留下的粪便引起的怒气是广泛共享的，而且很可能是普世的人类特点。

毋庸讳言，在这些熟悉的场景之外，也有相当多的不同之处。

村民们的育儿措施起初让我大跌眼镜，寻思良久：漫不经心地把一把切肉刀递给贪吃的婴儿；一再要求孩子拿这个，做那个；还有那些粗暴的威胁。但是过了一阵后，我开始发现，这种迦普恩母亲们的育儿风格最终养出了能力不俗的小孩。一旦孩子们开始独立行动，表现出智识，大人们就会像对待其他大人那样一视同仁。他们不会在孩子面前藏着掖着，会和他们开玩笑，会向他们讨槟榔吃（孩子随身携带的小网兜底下似乎总藏着一些），还会向他们打听八卦。由于孩子们在所有村民家里自由来去，他们被视为间谍，可以打探到大量大人无法得到的信息。一大早让人分心的例行公事是，小孩子们要出去面对村子，去看那些不存在的猪，这教会了孩子们不能相信任何人口中所言。相反，他们理解了得自己去弄清楚。这些技能是有用的，村民们掌握的关于彼此的许多信息就来自这些小小的千里眼和顺风耳的情报。

西方育儿方式与村民们和孩子打交道的方式的一个重要区别就是，村里绝大多数父母不会"惩罚"孩子。他们会冲孩子大吼，会威胁，母亲有时会拿煮饭用的木钳打不听话的孩子，或把钳子准确无误地扔到孩子身上。但这类行为的唯一后果就是，孩子尖叫着跑出屋子，进了雨林。母亲们会冲逃走的孩子恶狠狠地吼道"Yu bai kam！"（"你会回来的！"），但这一行为的后果就是她得找其他孩子来干她给那个孩子的活，或她不得不自己做。等逃出去的孩子回来了，常常是几个小时后，整个事情就过去了，忘了。

我唯一见过殴打孩子的村民——抓着孩子的手臂，用扫帚、棍子打，有一个恶劣的例子是有个父亲用从某个地方弄来的自行车链打孩子——都是像拉法尔这样有很强的天主教信仰，并且在邻村旺安的小学里念过几年书的人。

在我最黑暗的念头里，我有时会想，基督教和西方教育带给迦普恩村民的唯一实用的知识就是如何熟练地揍孩子。

哦，忘说了，还有熟练掌握了一门取代他们祖语的语言。

所有这一切让我从村民那里学到了也许是最重要的一课：不存在西方幻想中那个迷恋的东西，也就是所谓"没有被触碰的野蛮地带"。新几内亚的岛屿，与亚马孙盆地一样，是地球上唯一能找到"尚未被发现的部落"的地方，我们偶尔能从令人目瞪口呆的标题里看到这样的报道。

我从来不清楚，看到这样的新闻，我们应该有什么反应。激动？胜利？还是悲伤？

我们很少能见到"初次接触"的后续故事，往往是因为所谓的尚未被发现的部落在被发现之前，实际上已经与传教士、种植园工人、商店采购员打过交道了。有时，部落里是这样一群人，他们反感被定居的殖民者贬低，于是撤到雨林深处避之不及——最终还是被笨蛋"探险家"和多管闲事争抢头条的记者给揪了出来。

这些关于未被发现的部落的冒牌故事告诉我们，这个星球上最遥远的地方完全不是传说的那样"未被触碰"过。正相反，人类的每一个角落，在这个节点上，都被殖民主义和资本主义剥削的肮脏手指残忍地抚摸过，痛苦地探查过。后果往往不那么圆满。迦普恩绝非唯一一个传统文化枯萎、祖先被噤声的土著社会。像迦普恩这样的地方到处都有，年复一年，越来越多。

从村民那里我认识到，我们所有人彼此相连，其方式或迂回或令人困惑，但总之我们是联系在一起的。村民们视我——不，他们**认出**我——为超出他们雨林沼泽地的家界限之外的那个群体的一员。他们向我打听关于天堂、来生和变化——这些都是西方文化引介给他们的观念——把我带入那个群体，让我对得起他们，负起责任。

如果说迦普恩村民的生活真的教给了我们什么的话，或许就是，生活在世界尽头一隅的人们依然热情天真地坚持着互助互惠的生活，追求着同一性，相信共同体的价值，相反，我们许多人对这一切避之唯恐不及。这些人引领我们去重新审视这样的否认，克服这样的拒绝。他们命令我们停止向他们索取，停止加速瓦解他们的文化和语言，然后把他们抛在身后，徒留他们在废墟残骸间跟跟跄跄，到头来百思不解，他们放弃这一切究竟是为了什么。

关于书中人名的说明

A Note about the Names in this Book

　　像本书这样的人类学作品不是小说。用一档受欢迎的美国电视节目里的一句开场白来说，就是"人是真实的，案例是真实的"。电视节目里，朱迪法官，一个尖酸刻薄、面部紧绷的老女人，听着小额索赔法庭的案子，作出裁决，但她每每要先贬低讽刺一番其中一些人——或往往是所有人——他们似乎仅仅因为敢于出现在她的电视法庭上，站在她面前，就把她激怒了。

　　尽管人类学不是虚构，但人类学家频繁从历史学家那里听到的抱怨之一就是，人类学家所提供的关于人和活动的详细描述常常和小说没有多少差别。他们说，人类学家写的东西作为历史来说是没有价值的，因为人类学家通常会改掉笔下人物的名字，有时甚至会改掉地名。

当然，给人物和地方取化名是为了保护它们的身份，表达的是对于它们的关心，承担的是伦理责任。这样的伪装是否永远有必要，这是有争议的。然而，有一点是肯定的，这样的做法就可靠性来说是有重大缺陷的，历史学家所言非虚：人类学写作中化名的使用对他们或将来任何想通过人类学作品来理解过去的人来说，都价值有限。

在第一本关于迦普恩的书里，我没有改动任何名字，因为我把它看作是对 1980 年代村庄生活的记录，或许有一天对村民自己也会有价值。没有村民读过这本书（事实上，他们也没读过任何一本书），谁知道呢，也许没有迦普恩的人会读这本书。但给村民们取一个化名会让他们感到困惑，也是对他们的冒犯，因为他们看我的书时就是看他们的名字，他们一向对此感到很满意。"在书里。"他们意味深长地说，指着他们的名字，无疑名字的出现有宇宙级的重要意义。我宁愿没有想到这一层。

这本书比过去的那本更诚实地书写了我在迦普恩的生活。因为关于个别村民的内容不那么讨喜，我决定改掉我提到的许多村民的名字。有的名字我没改动，譬如，我在第一本书里讨论到的大部分人以及如今已经去世的人的名字都不是化名。但我改动了许多年轻人的名字，而且，如果我对任何人说了不好听的话，那这个人的名字也很可能是个化名。

这个小花招也许会让未来想研究巴布亚新几内亚塞皮克河下游地区的历史学家们头大，但如果那个不大可能会出现的学者（或任何人）真的认为，关键是要了解村民们身份和我写的事件的细节，那他们可以联系我——或者，等哪天我不在人世了，欢迎他们从档案里找出我在老眼昏花时存放的田野笔记和我所有的录音与文字整理稿，他们可以在里面翻找。

致　谢

Acknowledgments

　　这本书所立足的研究在过去这些年里得到了来自瑞典促进与发展中国家研究合作处、瑞典人文社科研究理事会、澳大利亚国立大学、温纳·格伦人类学研究基金会、古根海姆纪念基金会以及瑞典研究委员会的慷慨资助。我也感谢芝加哥大学和乌普萨拉大学提供的研究休假，允许我在最近的几次探访期间，在巴布亚新几内亚停留更长的时间。我也感谢法罗岛的伯格曼故居为我提供了一周的时间，在伯格曼的故居里，我谦卑地坐在这位伟大的电影导演的书桌前，完成了这部书稿的收尾工作。

　　这本书写于我在巴布亚新几内亚马当的圣言大学两次担任访问教授期间。我感谢约翰·伯顿促成了访学，也感谢每一位让我的马当岁月舒适愉悦、收获颇丰的人：约翰·马克莱尔、帕姆·诺曼、塞西莉亚·奈波、菲德尔玛·塔凯丽、艾沃纳·克罗兹吉克、哥特·范·登·伯格、帕特里西亚·帕莱德、大卫·罗德、艾德维纳·杨依、芭芭拉·瑟拉哈、米力安·德鲁戈斯、菲利普·吉布斯、帕崔克·格施和盖瑞特·罗切。

我的代理人道格·斯图尔特从我一开始向他提议这项计划时，就一直十分热心。在一个关键阶段，他的建设性的建议和全面的编辑意见极其宝贵。我在阿尔冈昆出版公司的编辑凯西·波利斯目光如炬，在成书过程中一直温柔且坚定地指引着我。原本应当是痛苦的经历因此变得愉悦而富有教育意义。罗宾·克鲁斯超凡的文字加工，敏锐的语言，就像一张透着细孔密布的网过滤了我的文辞。

书中部分章节曾在成书的不同阶段，于莫纳什大学、剑桥大学、圣言大学、乌普萨拉大学、斯德哥尔摩大学、香港中文大学、耶夫勒大学宣读。我感谢在上述场合为我提供有益反馈的每一个人。

安娜·杜莫特、芮马丁、莎朗·莱德尔通读了初稿，给予我鼓励并提出了慷慨、尖锐和透彻的批评。克里斯托弗·斯特劳德和尤纳斯·蒂尔伯格是我写每一章时的读者和评论者，改写之后他们又重读了一遍。不厌其烦地又读了一遍。我对他俩永远表示感激。

我最感激不尽的人是迦普恩的村民——不论过去，现在，还是将来。在我生命中的每一天，他们与我同在。

2018年8月21日
于瑞典法罗岛哈马斯

新知文库

01 《证据：历史上最具争议的法医学案例》[美]科林·埃文斯 著　毕小青 译

02 《香料传奇：一部由诱惑衍生的历史》[澳]杰克·特纳 著　周子平 译

03 《查理曼大帝的桌布：一部开胃的宴会史》[英]尼科拉·弗莱彻 著　李响 译

04 《改变西方世界的 26 个字母》[英]约翰·曼 著　江正文 译

05 《破解古埃及：一场激烈的智力竞争》[英]莱斯利·罗伊·亚京斯 著　黄中宪 译

06 《狗智慧：它们在想什么》[加]斯坦利·科伦 著　江天帆、马云霏 译

07 《狗故事：人类历史上狗的爪印》[加]斯坦利·科伦 著　江天帆 译

08 《血液的故事》[美]比尔·海斯 著　郎可华 译　张铁梅 校

09 《君主制的历史》[美]布伦达·拉尔夫·刘易斯 著　荣予、方力维 译

10 《人类基因的历史地图》[美]史蒂夫·奥尔森 著　霍达文 译

11 《隐疾：名人与人格障碍》[德]博尔温·班德洛 著　麦湛雄 译

12 《逼近的瘟疫》[美]劳里·加勒特 著　杨岐鸣、杨宁 译

13 《颜色的故事》[英]维多利亚·芬利 著　姚芸竹 译

14 《我不是杀人犯》[法]弗雷德里克·肖索依 著　孟晖 译

15 《说谎：揭穿商业、政治与婚姻中的骗局》[美]保罗·埃克曼 著　邓伯宸 译　徐国强 校

16 《蛛丝马迹：犯罪现场专家讲述的故事》[美]康妮·弗莱彻 著　毕小青 译

17 《战争的果实：军事冲突如何加速科技创新》[美]迈克尔·怀特 著　卢欣渝 译

18 《最早发现北美洲的中国移民》[加]保罗·夏亚松 著　暴永宁 译

19 《私密的神话：梦之解析》[英]安东尼·史蒂文斯 著　薛绚 译

20 《生物武器：从国家赞助的研制计划到当代生物恐怖活动》[美]珍妮·吉耶曼 著　周子平 译

21 《疯狂实验史》[瑞士]雷托·U. 施奈德 著　许阳 译

22 《智商测试：一段闪光的历史，一个失色的点子》[美]斯蒂芬·默多克 著　卢欣渝 译

23 《第三帝国的艺术博物馆：希特勒与"林茨特别任务"》[德]哈恩斯 – 克里斯蒂安·罗尔 著　孙书柱、刘英兰 译

24 《茶：嗜好、开拓与帝国》[英]罗伊·莫克塞姆 著　毕小青 译

25 《路西法效应：好人是如何变成恶魔的》[美]菲利普·津巴多 著　孙佩妏、陈雅馨 译

26	《阿司匹林传奇》[英]迪尔米德·杰弗里斯 著　暴永宁、王惠 译
27	《美味欺诈：食品造假与打假的历史》[英]比·威尔逊 著　周继岚 译
28	《英国人的言行潜规则》[英]凯特·福克斯 著　姚芸竹 译
29	《战争的文化》[以]马丁·范克勒韦尔德 著　李阳 译
30	《大背叛：科学中的欺诈》[美]霍勒斯·弗里兰·贾德森 著　张铁梅、徐国强 译
31	《多重宇宙：一个世界太少了？》[德]托比阿斯·胡阿特、马克斯·劳讷 著　车云 译
32	《现代医学的偶然发现》[美]默顿·迈耶斯 著　周子平 译
33	《咖啡机中的间谍：个人隐私的终结》[英]吉隆·奥哈拉、奈杰尔·沙德博尔特 著　毕小青 译
34	《洞穴奇案》[美]彼得·萨伯 著　陈福勇、张世泰 译
35	《权力的餐桌：从古希腊宴会到爱丽舍宫》[法]让-马克·阿尔贝 著　刘可有、刘惠杰 译
36	《致命元素：毒药的历史》[英]约翰·埃姆斯利 著　毕小青 译
37	《神祇、陵墓与学者：考古学传奇》[德]C.W.策拉姆 著　张芸、孟薇 译
38	《谋杀手段：用刑侦科学破解致命罪案》[德]马克·贝内克 著　李响 译
39	《为什么不杀光？种族大屠杀的反思》[美]丹尼尔·希罗、克拉克·麦考利 著　薛绚 译
40	《伊索尔德的魔汤：春药的文化史》[德]克劳迪娅·米勒-埃贝林、克里斯蒂安·拉奇 著　王泰智、沈惠珠 译
41	《错引耶稣：〈圣经〉传抄、更改的内幕》[美]巴特·埃尔曼 著　黄恩邻 译
42	《百变小红帽：一则童话中的性、道德及演变》[美]凯瑟琳·奥兰丝汀 著　杨淑智 译
43	《穆斯林发现欧洲：天下大国的视野转换》[英]伯纳德·刘易斯 著　李中文 译
44	《烟火撩人：香烟的历史》[法]迪迪埃·努里松 著　陈睿、李欣 译
45	《菜单中的秘密：爱丽舍宫的飨宴》[日]西川惠 著　尤可欣 译
46	《气候创造历史》[瑞士]许靖华 著　甘锡安 译
47	《特权：哈佛与统治阶层的教育》[美]罗斯·格雷戈里·多塞特 著　珍栎 译
48	《死亡晚餐派对：真实医学探案故事集》[美]乔纳森·埃德罗 著　江孟蓉 译
49	《重返人类演化现场》[美]奇普·沃尔特 著　蔡承志 译
50	《破窗效应：失序世界的关键影响力》[美]乔治·凯林、凯瑟琳·科尔斯 著　陈智文 译
51	《违童之愿：冷战时期美国儿童医学实验秘史》[美]艾伦·M.霍恩布鲁姆、朱迪斯·L.纽曼、格雷戈里·J.多贝尔 著　丁立松 译
52	《活着有多久：关于死亡的科学和哲学》[加]理查德·贝利沃、丹尼斯·金格拉斯 著　白紫阳 译

53	《疯狂实验史Ⅱ》[瑞士] 雷托·U. 施奈德 著　郭鑫、姚敏多 译
54	《猿形毕露：从猩猩看人类的权力、暴力、爱与性》[美] 弗朗斯·德瓦尔 著　陈信宏 译
55	《正常的另一面：美貌、信任与养育的生物学》[美] 乔丹·斯莫勒 著　郑嬿 译
56	《奇妙的尘埃》[美] 汉娜·霍姆斯 著　陈芝仪 译
57	《卡路里与束身衣：跨越两千年的节食史》[英] 路易丝·福克斯克罗夫特 著　王以勤 译
58	《哈希的故事：世界上最具暴利的毒品业内幕》[英] 温斯利·克拉克森 著　珍栎 译
59	《黑色盛宴：嗜血动物的奇异生活》[美] 比尔·舒特 著　帕特里曼·J. 温 绘图　赵越 译
60	《城市的故事》[美] 约翰·里德 著　郝笑丛 译
61	《树荫的温柔：亘古人类激情之源》[法] 阿兰·科尔班 著　苜蓿 译
62	《水果猎人：关于自然、冒险、商业与痴迷的故事》[加] 亚当·李斯·格尔纳 著　于是 译
63	《囚徒、情人与间谍：古今隐形墨水的故事》[美] 克里斯蒂·马克拉奇斯 著　张哲、师小涵 译
64	《欧洲王室另类史》[美] 迈克尔·法夸尔 著　康怡 译
65	《致命药瘾：让人沉迷的食品和药物》[美] 辛西娅·库恩等 著　林慧珍、关莹 译
66	《拉丁文帝国》[法] 弗朗索瓦·瓦克 著　陈绮文 译
67	《欲望之石：权力、谎言与爱情交织的钻石梦》[美] 汤姆·佐尔纳 著　麦慧芬 译
68	《女人的起源》[英] 伊莲·摩根 著　刘筠 译
69	《蒙娜丽莎传奇：新发现破解终极谜团》[美] 让-皮埃尔·伊斯鲍茨、克里斯托弗·希斯·布朗 著　陈薇薇 译
70	《无人读过的书：哥白尼〈天体运行论〉追寻记》[美] 欧文·金格里奇 著　王今、徐国强 译
71	《人类时代：被我们改变的世界》[美] 黛安娜·阿克曼 著　伍秋玉、澄影、王丹 译
72	《大气：万物的起源》[英] 加布里埃尔·沃克 著　蔡承志 译
73	《碳时代：文明与毁灭》[美] 埃里克·罗斯顿 著　吴妍仪 译
74	《一念之差：关于风险的故事与数字》[英] 迈克尔·布拉斯兰德、戴维·施皮格哈尔特 著　威治 译
75	《脂肪：文化与物质性》[美] 克里斯托弗·E. 福思、艾莉森·利奇 编著　李黎、丁立松 译
76	《笑的科学：解开笑与幽默感背后的大脑谜团》[美] 斯科特·威姆斯 著　刘书维 译
77	《黑丝路：从里海到伦敦的石油溯源之旅》[英] 詹姆斯·马里奥特、米卡·米尼奥-帕卢埃洛 著　黄煜文 译
78	《通向世界尽头：跨西伯利亚大铁路的故事》[英] 克里斯蒂安·沃尔玛 著　李阳 译

79	《生命的关键决定：从医生做主到患者赋权》[美] 彼得·于贝尔 著　张琼懿 译	
80	《艺术侦探：找寻失踪艺术瑰宝的故事》[英] 菲利普·莫尔德 著　李欣 译	
81	《共病时代：动物疾病与人类健康的惊人联系》[美] 芭芭拉·纳特森 – 霍洛威茨、凯瑟琳·鲍尔斯 著　陈筱婉 译	
82	《巴黎浪漫吗？——关于法国人的传闻与真相》[英] 皮乌·玛丽·伊特韦尔 著　李阳 译	
83	《时尚与恋物主义：紧身褡、束腰术及其他体形塑造法》[美] 戴维·孔兹 著　珍栎 译	
84	《上穷碧落：热气球的故事》[英] 理查德·霍姆斯 著　暴永宁 译	
85	《贵族：历史与传承》[法] 埃里克·芒雄 – 里高 著　彭禄娴 译	
86	《纸影寻踪：旷世发明的传奇之旅》[英] 亚历山大·门罗 著　史先涛 译	
87	《吃的大冒险：烹饪猎人笔记》[美] 罗布·沃乐什 著　薛绚 译	
88	《南极洲：一片神秘的大陆》[英] 加布里埃尔·沃克 著　蒋功艳、岳玉庆 译	
89	《民间传说与日本人的心灵》[日] 河合隼雄 著　范作申 译	
90	《象牙维京人：刘易斯棋中的北欧历史与神话》[美] 南希·玛丽·布朗 著　赵越 译	
91	《食物的心机：过敏的历史》[英] 马修·史密斯 著　伊玉岩 译	
92	《当世界又老又穷：全球老龄化大冲击》[美] 泰德·菲什曼 著　黄煜文 译	
93	《神话与日本人的心灵》[日] 河合隼雄 著　王华 译	
94	《度量世界：探索绝对度量衡体系的历史》[美] 罗伯特·P. 克里斯 著　卢欣渝 译	
95	《绿色宝藏：英国皇家植物园史话》[英] 凯茜·威利斯、卡罗琳·弗里蒂 著　珍栎 译	
96	《牛顿与伪币制造者：科学巨匠鲜为人知的侦探生涯》[美] 托马斯·利文森 著　周子平 译	
97	《音乐如何可能？》[法] 弗朗西斯·沃尔夫 著　白紫阳 译	
98	《改变世界的七种花》[英] 詹妮弗·波特 著　赵丽洁、刘佳 译	
99	《伦敦的崛起：五个人重塑一座城》[英] 利奥·霍利斯 著　宋美莹 译	
100	《来自中国的礼物：大熊猫与人类相遇的一百年》[英] 亨利·尼科尔斯 著　黄建强 译	
101	《筷子：饮食与文化》[美] 王晴佳 著　汪精玲 译	
102	《天生恶魔？：纽伦堡审判与罗夏墨迹测验》[美] 乔尔·迪姆斯代尔 著　史先涛 译	
103	《告别伊甸园：多偶制怎样改变了我们的生活》[美] 戴维·巴拉什 著　吴宝沛 译	
104	《第一口：饮食习惯的真相》[英] 比·威尔逊 著　唐海娇 译	
105	《蜂房：蜜蜂与人类的故事》[英] 比·威尔逊 著　暴永宁 译	
106	《过敏大流行：微生物的消失与免疫系统的永恒之战》[美] 莫伊塞斯·贝拉斯克斯 – 曼诺夫 著　李黎、丁立松 译	

107 《饭局的起源：我们为什么喜欢分享食物》[英]马丁·琼斯 著　陈雪香 译　方辉 审校

108 《金钱的智慧》[法]帕斯卡尔·布吕克内 著　张叶 陈雪乔 译　张新木 校

109 《杀人执照：情报机构的暗杀行动》[德]埃格蒙特·科赫 著　张芸、孔令逊 译

110 《圣安布罗焦的修女们：一个真实的故事》[德]胡贝特·沃尔夫 著　徐逸群 译

111 《细菌》[德]汉诺·夏里修斯 里夏德·弗里贝 著　许嫚红 译

112 《千丝万缕：头发的隐秘生活》[英]爱玛·塔罗 著　郑嬿 译

113 《香水史诗》[法]伊丽莎白·德·费多 著　彭禄娴 译

114 《微生物改变命运：人类超级有机体的健康革命》[美]罗德尼·迪塔特 著　李秦川 译

115 《离开荒野：狗猫牛马的驯养史》[美]加文·艾林格 著　赵越 译

116 《不生不熟：发酵食物的文明史》[法]玛丽-克莱尔·弗雷德里克 著　冷碧莹 译

117 《好奇年代：英国科学浪漫史》[英]理查德·霍姆斯 著　暴永宁 译

118 《极度深寒：地球最冷地域的极限冒险》[英]雷internet夫·法恩斯 著　蒋功艳、岳玉庆 译

119 《时尚的精髓：法国路易十四时代的优雅品位及奢侈生活》[美]琼·德让 著　杨冀 译

120 《地狱与良伴：西班牙内战及其造就的世界》[美]理查德·罗兹 著　李阳 译

121 《骗局：历史上的骗子、赝品和诡计》[美]迈克尔·法夸尔 著　康怡 译

122 《丛林：澳大利亚内陆文明之旅》[澳]唐·沃森 著　李景艳 译

123 《书的大历史：六千年的演化与变迁》[英]基思·休斯敦 著　伊玉岩、邵慧敏 译

124 《战疫：传染病能否根除？》[美]南希·丽丽·斯特潘 著　郭骏、赵谊 译

125 《伦敦的石头：十二座建筑塑名城》[英]利奥·霍利斯 著　罗隽、何晓昕、鲍捷 译

126 《自愈之路：开创癌症免疫疗法的科学家们》[美]尼尔·卡纳万 著　贾颋 译

127 《智能简史》[韩]李大烈 著　张之昊 译

128 《家的起源：西方居所五百年》[英]朱迪丝·弗兰德斯 著　珍栎 译

129 《深解地球》[英]马丁·拉德威克 著　史先涛 译

130 《丘吉尔的原子弹：一部科学、战争与政治的秘史》[英]格雷厄姆·法米罗 著　刘晓 译

131 《亲历纳粹：见证战争的孩子们》[英]尼古拉斯·斯塔加特 著　卢欣渝 译

132 《尼罗河：穿越埃及古今的旅程》[英]托比·威尔金森 著　罗静 译

133 《大侦探：福尔摩斯的惊人崛起和不朽生命》[美]扎克·邓达斯 著　肖洁茹 译

134 《世界新奇迹：在20座建筑中穿越历史》[德]贝恩德·英玛尔·古特贝勒特 著　孟薇、张芸 译

135 《毛奇家族：一部战争史》[德]奥拉夫·耶森 著　蔡玳燕、孟薇、张芸 译

136 《万有感官：听觉塑造心智》[美]塞思·霍罗威茨 著　蒋雨蒙 译　葛鉴桥 审校

137 《教堂音乐的历史》[德]约翰·欣里希·克劳森 著　王泰智 译

138 《世界七大奇迹：西方现代意象的流变》[英]约翰·罗谟、伊丽莎白·罗谟 著　徐剑梅 译

139 《茶的真实历史》[美]梅维恒、[瑞典]郝也麟 著　高文海 译　徐文堪 校译

140 《谁是德古拉：吸血鬼小说的人物原型》[英]吉姆·斯塔迈尔 著　刘芳 译

141 《童话的心理分析》[瑞士]维蕾娜·卡斯特 著　林敏雅 译　陈瑛 修订

142 《海洋全球史》[德]米夏埃尔·诺尔特 著　夏嫱、魏子扬 译

143 《病毒：是敌人，更是朋友》[德]卡琳·莫林 著　孙薇娜、孙娜薇、游辛田 译

144 《疫苗：医学史上最伟大的救星及其争议》[美]阿瑟·艾伦 著　徐宵寒、邹梦廉 译　刘火雄 审校

145 《为什么人们轻信奇谈怪论》[美]迈克尔·舍默 著　卢明君 译

146 《肤色的迷局：生物机制、健康影响与社会后果》[美]尼娜·雅布隆斯基 著　李欣 译

147 《走私：七个世纪的非法携运》[挪]西蒙·哈维 著　李阳 译

148 《雨林里的消亡：一种语言和生活方式在巴布亚新几内亚的终结》[瑞典]唐·库里克 著　沈河西 译